KB117940

적의
칼로
싸워라

적의
칼로
싸워라

남다른 가치를 만드는 차별화경영 24

이명우 지음

문학동네

이제는
'다름경영'이다

필자는 33년을 기업에서 보내고 현재는 대학에 몸담고 있다. 직장생활의 절반을 미국, 독일, 영국, 그리고 중동에서 보냈다. '삼성맨'으로 살았던 24년은 우리나라 기업의 도전과 국제화를 현장에서 몸으로 부딪치며 함께 압축성장을 이뤄냈던 값진 시간이었다. 소니와 코카콜라에서 일했던 5년여의 시간은 좀더 객관적인 관점에서 글로벌경영을 볼 수 있었던 소중한 시간이었다.

다양한 경험을 할 수 있었다는 점에서, 필자는 참 운이 좋았다. 한국과 일본, 미국 등 각기 다른 국적의 회사에서 일했다. 대부분이 전자회사였지만 코카콜라 같은 소비재회사에서도 근무했고, 대부분이 글로벌 대기업이었지만 레인콤같이 작지만 강한 기업에서도 경영을 해봤다. 그러면서 기업의 국적이나 업종, 규모에 관계없이 경영자의 고민은 너무나 비슷하다는 사실에 스스로 놀라곤 했다. 경영자라면 우리가 하고 있는 일(업)이 무엇인지, 우리의 고객은 누구인지, 우리의 경쟁자는 누구인지 등을 알아야 했고, 시장의 변화를 이해하는 능력과 지속성장을 가능하게 하는 경영의 요소 등을 갖춰야 했다.

삼성에 입사한 첫날부터 배웠던 것은 '하면 된다can do'라는 정신이었다. 그 정신으로 제다지점의 개설, 당시로는 최고의 하이테크 제품이던 VTR의 유럽시장 개척, 유럽 컴퓨터·정보통신법인 신설 등을 약관의 나이에 해낼 수 있었다. 그러나 회사에서의 책임과 권한이 커질수록, '할 수 있다'는 정신과 더불어 '어떻게 해야 하는지how to'를 알아야 하는 일이 많아졌다. 그런 깨우침이 불혹에 가까운 나이에 MBA에 도전하게 했고 50대에 박사과정을 공부하게 했다.

이 책 『적의 칼로 싸워라』는 필자가 그간 몸으로 부딪쳐 배우고, 머리로 고민하며, 현장과 책에서 얻은 통찰들을 정리한 책이다. 책의 내용은 2012년 1월부터 조선일보에 연재하고 있는 '이명우 교수의 경영수필'이라는 이름의 칼럼이 바탕이 됐다. 33년간의 기업 경영현장에서의 시행착오를 바탕으로 '어떻게 해야' 우리에게 주어진 미션을 잘 수행할 수 있을지, 나름의 고민을 담았다.

내가 팔고 있는 것은 도대체 무엇인가? 나의 진정한 경쟁자는 누구인가? 고객의 들리지 않는 목소리를 어떻게 들을 수 있을까? 세상은 어떻게 돌아가는가? 물건을 사려는 바이어가 있다고 무조건 팔아야 할까? 거래처와의 관계를 측정할 수는 없을까?

늘 남과 다르게 일에 접근하고, 기존의 습관에서 벗어나려고 의도적으로 노력하지 않으면 우리에게 미래는 없다. 경영을 성공적으로 수행하기 위한 키워드는 '다름' 또는 '차별화'라고 생각한다. '다름경영'이란 성과를 내기 위해 무엇을 다르게 할지, 어떻게 다르게 할지, 언제 다르게 할지, 누구와 다르게 할지를 고민하고 실행하는 경영이다. 돌이켜보면, 필자는 다르게 일하려다가 시행착오와 어려움도 많이 겪었지만 그것이 오늘의 필자를 만들었다는 생각을 한다.

최근 학교에서 학생들을 가르치면서 경영현장에서 가졌던 여러 고민과 의문에 대한 지혜가 학자들의 선행 연구와 전문가들의 저서에 있었다는 사실을 알게 됐다. 그럴 때마다 책을 제대로 읽지 않은 스스로를 탓할 수밖에 없다. 진작 이런 것을 알았더라면 그때 좀더 잘할 수 있지 않았을까 하는 아쉬움에서 '다름경영'을 위한 스물네 가지 화두를 정리해봤다. 그리고 이러한 다름경영을 관통하는 메시지로 '적의 칼로 싸워라'라는 다소 공격적인 주문을 건네본다.

진정한 고수는
'적의 칼'로 싸운다

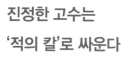

바늘 떨어지는 소리마저 들릴 정도로 정적이 흐르는 초원. 두 명의 무사가 대립하고 있다. 상대를 단숨

에 제압할 기회를 엿보는 그들 사이에 팽팽한 긴장감이 맴돈다. 순간 한 명이 허리춤에 찬 칼에 손을 댄다. 그가 칼을 빼내려는 찰나, 상대편 무사가 순식간에 달려들어 그의 칼을 낚아챈다. 그렇게 싸움은 상대의 칼을 빼앗은 무사의 승리로 끝이 난다.

무협지에 등장하는 싸움의 고수들은 절대 자신의 칼에 피를 묻히지 않는다. 그들은 능숙한 솜씨로 적의 칼을 빼앗아 그것으로 적의 목을 친다. 자신의 칼은 지키면서 상대를 제압하는 것, 이것은 싸움에 있어 궁극의 경지다.

비즈니스에서도 진정한 고수는 '적의 칼'로 싸운다. 여기서 '적의 칼'이란 시장과 경쟁사의 전략을 뜻한다. 기존의 전략을 그대로 차용해 쓴다는 의미는 결코 아니다. 비즈니스에서 적의 칼로 싸운다는 것은, '기존의' '시장의' '타인의' 전략과 전술, 상품과 서비스를 '자신의 방식'대로 해석해 새롭게 활용한다는 뜻이다. 예를 들어, 아이팟은 애플이 창조해낸 완전히 새로운 제품이 아니다. 1999년 말, 세상에 디지털뮤직플레이어를 선보인 주인공은 소니였다. 애플은 아이팟이라는 기기에 더해 음악을 다운받을 수 있는 마켓플레이스까지 구축함으로써, 즉 자신의 방식으로 새로운 생태계를 조성함으로써 성공을 거둘 수 있었다.

기업과 기업을 연결해 수익을 창출하는 기업 액티브 인터내셔널 역시 '적의 칼'을 사용해 성공한 좋은 사례다. 그들은 전자회사의 TV 재고를 리노베이션하는 호텔과 연결해주는 식으로 이윤을 만들어내는 '촉매기업'이다. 있던 것과 있던 것을 '연결'해줌으로써 새로운 비즈니스 모델을 구축해낸 것이다. 시장은 늘 새로운 제품, 새로운 서비스, 새로운 승자를 갈구하고, 이에 많은 비즈니스맨들과 기업들은 '새로움'을 추구한다. 하지만 새로움이란 '세상에 없던 것'이라기보다 '세상에 있던 것을 새롭게 활용하는 것'에 가깝다. 즉 비즈니스에 있어 적의 칼로 싸우란 말은 세상에 있던 것들을 자신만의 방식으로 활용해 새로움을 탄생시키고, 남과 다른 가치를 창출하라는 의미다.

사실 '적'이라고 표현했지만, 여기서의 적은 나와 싸우거나 나와 대립하는 사람이라기보다 '내가 아닌 다른 모든 사람'을 뜻한다. 고객, 거래처, 동료가 모두 '적'이라는 단어에 포함된다. 한자로 쓰자면 '的'에 가까울 것이다. 즉 '적의 칼로 싸워라'라는 주문은 내가 아닌 다른 사람들에게 배우고, 그들에게 배운 것을 적극적으로 활용하라는 뜻이기도 하다.

창조와 창의, 차별화, 혁신 등 비즈니스맨과 기업에 요구되는 경쟁력은 많고 다양하다. 그 무수한 경쟁력을 모두 갖추기란 어렵지만, 그것들을 갖추지 못하면 생존하기 어려운 것 역시 현실이다. 그렇다면 우리는 어떻게 이 무한경쟁의 세계에서 살아남을 것인가. 답은 생각보다 어렵지 않다. 우리에게 요구되는 무수한 요건들을 꿰뚫는 하나의 본질을 파악한다면, 그것들을 충족시키는 일이 가능하다.

하나의 본질이란 바로 '다름'이다. 창조와 창의란 기존과는 다른 것을 의미하며, 차별화란 남과 다른 것, 혁신은 지금까지와 다른 것을 뜻한다. 즉 '무엇'과 '누구'와 '언제'와 다르냐에 따라 그 용어가 달라질 뿐, 결국 가장 중요한 것은 '달라야 한다'는 사실인 셈이다. 그것이 지금 우리에게 필요한 화두로 '다름경영'을 이야기하는 까닭이다.

경영에는 정답이 없다. 이 책에 담긴 내용은 대부분 필자가 그간 직접 부딪치며 배우고 깨달은 사실들이어서 학문적인 깊이는 부족할지도 모른다. 다만 독자들이 이 책을 통해 경영의 현안들을 다시 생각해보는 기회가 된다면 더 바랄 나위가 없겠다. 필자의 배움과 깨달음이 잘 해석돼 현장의 경영자와 비즈니스맨에게 도움이 됐으면 한다.

더불어 이 책을 쓰는 데 도움을 준 많은 분들에게 이 자리를 빌려 감사의 뜻을 전하고 싶다. 필자가 오늘에 이르기까지 필자의 친정이 된 여러 회사들, 그중에서도 24년 동안 여러 시행착오를 통해 많은 인사이트를 갖게 해준 삼성과 그 쉽지 않은 길을 묵묵히 같이 걸었던 삼성의 선배, 동료, 후배 들에게 깊은 감사를 드린다. 조선일보의 칼럼이 없었더라면 이 책에 소개되는 사례들이 필자의 머릿속에서만 존재했을 뿐, 빛을 보지 못했을 것이다. 연재를 제안하고 과분한 지면을 허락해준 이지훈 경제부장, 김영진 차장의 애정 어린 관심에 감사드린다. 사실 이 책에서 강조하는 내용들은 학교에서의 강의로 더 생명력을 갖게 됐다. 지난 5학기 동안 초보교수의 강의에 열심히 동참해 필자에게 '가르치며 배우는 값진 경험'을 선물해준 한양대학

교 글로벌경영대학원생들, 그리고 좋은 강의를 할 수 있도록 성원을
아끼지 않은 예종석 학장, 홍성태 교수께 감사드린다. 화두를 가지고
퇴고를 거듭할 때, 든든한 멘토가 돼준 전 한국경영학회 회장 전용
욱 교수께도 감사드린다. 그리고 누구보다 이 책을 읽어주시는 독자
여러분에게 진정한 감사를 전하고 싶다.

2013년 2월

이 명 우

1부

경영은 'What'에서
시작된다

: 무엇을 경영할 것인가

1장
본
질
경
영

기업이든 개인이든 '업의 개념'을 모르고서는, 그 일을 제대로 수행할 수 없다.
업의 개념이란 자신이 다루는 제품이나 서비스가 무엇인지에 대한 명확한
정의이고, 나아가 자신이 하고 있는 일이 무엇인지에 대한 깊은 성찰이다.
이러한 업의 개념을 제대로 파악하기 위해서는
자신이 속한 시장을 빠르게 읽어내고 효율적으로 대처하는 '마켓센싱'과
누가 '경쟁자'인지에 대한 통찰을 통한 시장과 고객의 이해가 필요하다.

당신이 파는 것은
건어물인가, 생선인가
업의 개념

1990년 여름, 삼성전자 영국법인에서 가전제품을 위주로 영업하던 필자는 독일로 발령받아 컴퓨터·정보통신제품의 유럽 판매를 책임 지게 됐다. 당시 삼성전자는 이건희 회장이 취임한 지 3년째로, 컴퓨터사업을 새로운 성장엔진으로 키우기 위해 주력하고 있었다. 본사는 컴퓨터사업 부문 사장까지 영입하며 의욕을 불태우고 있었으나, 그에 비해 해외사업은 아직 준비단계였다. 막중한 책임을 안게 된 필자는 유럽 총괄법인 설립과 유통채널 확보로 바쁜 나날을 보내고 있었다.

그해 겨울, 이건희 회장이 해외사업장을 순방하며 필자가 맡고 있는 프랑크푸르트의 유럽사업장을 방문했다. 그런데 이회장의 첫마디가 심상치 않았다.

"무슨 일 하다가 여기 왔어요?"

"영국에서 가전 영업했습니다."

"가전 하던 사람이 여기 왜 있어요?"

필자가 대답할 질문은 아니었다. 같이 자리한 유럽 총괄전무가 지
원발언을 했다.

"가전에서 제일 잘한다고 해서 이 (중요한) 자리에 데려왔습니다."

"가전 잘하면, 가전 잘하게 놔둬야죠. 왜 가전 잘하고 있는 사람,
컴퓨터에 데려다가 바보 만들려고 하나요?"

가전과 컴퓨터는 일견 비슷한 제품 같지만, 엄연히 다른 제품이라
는 것이 이회장의 생각이었다. 그런데도 가전부문에서 일하던 사람
들이 단순히 자리만 옮겨 가전제품과 똑같은 방식으로 컴퓨터를 판
매하는 것에 대해 큰 우려가 있었던 것이다. 알고 보니 바로 직전에
방문했던 미주지역의 컴퓨터사업 책임자도 가전부문 출신이었는데,
컴퓨터 전문가가 아니라는 이유로 책임자를 바꾸라는 지시를 내리
고 온 참이었다. 결국 회의석상에서 그의 질책이 떨어졌다.

"당장 원래 자리로 돌려보내요. 그리고 외부에서 최고의 전문가를
데려오도록 해요."

하지만 원래 자리엔 이미 후임자가 와 있었고, 그렇기에 그것은
필자에게 사형선고와 같은 것이었다. 그렇게 다음 안건으로 넘어가
려던 순간, 이회장의 눈과 필자의 눈이 마주쳤다.

"마지막으로 자네 생각은 어떤가?"

만약 그 질문이 없었다면, 그후 필자의 운명은 완전히 달라졌을 것이다.

"회장님 말씀대로 세상에는 훌륭한 컴퓨터 전문가들이 많이 있고, 삼성이 원한다면 얼마든지 그들을 영입할 수 있을 겁니다. 하지만 새로운 사람이 오게 되면 삼성의 조직문화를 새로 익히는 데 시간도 많이 걸리고 기존에 있던 사람들과 일하는 데 문제가 발생할 수도 있기 때문에, 제가 차선으로 이 자리에 오게 된 것 같습니다."

영입경위에 대해 설명한 필자는 마지막 기회일지도 모르는 최후 진술을 이어갔다.

"그런데 제가 한 6개월 정도 일하다보니, 제가 이전에 하던 가전 제품 영업이 건어물 장사라면 새로 시작한 컴퓨터 영업은 생선 장사 쯤 된다는 감을 익힌 것 같습니다. 제게 기회를 주신다면 생선 장사 를 제대로 한번 해보고 싶습니다."

**가전제품 영업은 건어물 장사,
컴퓨터 영업은 생선 장사?**

생선 장사라니? 뜬금없는 이야기로 들릴지도 모른다. 하지만 컴퓨터 영업을 생선 장사에 비유한 데는 나름의 이유가 있었다. 당시 새롭게 태동하던 컴퓨터시장은 기존의 다른 어떤 제품과도 비교할 수 없을 만큼 무서운 속도로 변화하고 있었다. 유럽법인이 설립됨과 동시에 286컴퓨터의 판매목표가 할당됐는데, 생산에 6주, 창고로 입고되기까지 6주, 총 12주가 소요돼 제품이 도착했을 때는 더이상 286을 팔 수 없었다. 유럽 각지의 거래처들이 고객들이 새로 출시된 386SX컴퓨터를 찾으니 286은 필요 없다는 것이다. 해당 내용을 본사에 보고했더니 이미 알고 있었다. 그새 시장이 바뀌어서 그런 것이라며 다시 만들어 보내주겠다고 했다. 그렇게 12주 후에 386SX가 도착했지만 시장은 또다시 변해 있었다. 불과 3개월 사이에 386SX보다 성능이 좋은 386DX컴퓨터가 새로운 표준이 돼가고 있었다. 그야말로 하루아침에 시장이 바뀌는 셈이었고, 컴퓨터사업에서 무엇보다 제품의 '신선도'가 중요했다. 필자는 신선도가 사업 성공의 주요 키워드라는 점에서 컴퓨터와 생선이 같다고 본 것이다.

더불어 필자가 가전과 컴퓨터사업을 건어물과 생선 장사에 비유한 것은, 이렇게 빠르게 변하는 시장에서 살아남기 위해서는 제품이나 사업의 특성에 따라 판매방식이 달라져야 하는데 그렇지 못했다는 반성도 포함돼 있었다.

건어물은 비교적 유통기간이 길어서 가격이 낮을 때는 그냥 보관하고 있다가 명절 전이나 성수기에 높은 가격으로 팔 수 있다. 하지만 생선은 싱싱할 때 바로 팔지 않으면 제값 받기가 불가능하므로, 신선하게 유통하기 위한 운송방법과 보관방법을 찾기 위해 여러 노력을 기울여야 한다. 이런 배경으로 가전과 컴퓨터가 제품은 엇비슷하게 보이지만 건어물과 생선의 판매처럼 그 성공요인은 다르다는 것을 '업業'의 개념과 연결해 이야기했던 것이다. 사실 이건희 회장은 취임 초기부터 업의 개념을 설파했다.

"우리가 하고 있는 일이 무엇인지도 모른 채 그냥 하고 있는 사람이 많다. 업의 개념을 명확히해야 앞으로 해야 할 일이 보인다."

컴퓨터사업을 미래 성장동력으로 주목하면서도 컴퓨터사업의 개념을 제대로 파악하지 못하고 기존의 가전제품과 같은 방식으로 일을 진행하던 것이 못마땅한 마당에, 필자의 '건어물과 생선' 비유가 와 닿았던 것 같다. 가만히 이야기를 듣던 이회장이 말문을 열었다.

"그 정도라도 감을 잡았다니 다행이네요. 그럼 한번 잘해봐요. 전문가는 외부에서 데리고 와서 밑에다가 쓰고요."

필자의 새로운 도전이 시작된 순간이었다. 그리고 본사 컴퓨터사업 부문과 유럽법인은 '컴퓨터=생선'이라는 업의 개념을 바탕으로, 기존의 판매전략과 방식을 바꿔가기 시작했다.

무엇보다 제품을 발주하고 실제로 창고에 도착할 때까지 걸리는 리드타임lead time을 줄여나가기 위해 총력을 기울였다. 수요 예측의 정확도 향상, 생산 관리의 유동성 제고, 물류 관리의 혁신 등으로 기존의 생산·판매방식을 바꿔가기 시작했다. 기존의 가전제품은 선박이 주운송수단이었지만, 컴퓨터제품은 운송기간을 줄이기 위해 선박항공혼용sea&air(예를 들어 서울부터 블라디보스토크까지는 비행기로, 거기서부터 유럽까지는 시베리아 횡단철도를 이용) 등의 대체운송을 본격 개발했다. 지금 돌이켜보면 초보적인 수준이었고 시스템이 갖춰지지 않은 상황에서 많은 시행착오가 있었지만, 오늘날의 혁신적인 공급망supply chain을 구축하는 데 좋은 밑거름이 됐다.

이처럼 업의 개념을 어떻게 파악하느냐에 따라 실제 업무방식이나 전략이 달라질 수 있다. 업의 개념이란 자신이 다루는 제품이나 서비스가 무엇인지에 대한 명확한 정의이고, 나아가 자신이 하고 있는 일이 무엇인지에 대한 깊은 성찰이다.

그로부터 20여 년이 흐른 지금, 세상은 더욱 빨리 변해 건어물로 생각되던 가전제품도 생선이 됐고, 싱싱한 생선을 뛰어넘어 살아 있는 생선으로 팔 수 있는 역량을 가진 기업만이 생존할 수 있는 환경이 됐다. 국내 전자회사들이 후발주자로 시작했지만 세계 TV시장과 휴대전화시장을 석권한 사례도, 이런 업의 개념에 충실해 경쟁업체들이 따라올 수 없는 공급망 관리Supply Chain Management, SCM의 혁신을 이뤄낸 것에 상당 부분 기인했다고 해도 과언이 아니다. 제품의 종류를 막론하고 실판매정보 수집, 수요 예측, 생산 리드타임 단축은 물론, 제품 개발 사이클 단축을 위해 선도적인 투자를 감행한 결과, 일본 경쟁사들이 부러워하는 스피드경영이 가능해졌다.

즉 오늘날의 비즈니스는 업의 개념에 대한 분명한 인식을 바탕으로, 살아 있는 생선을 제때 전 세계로 공급할 수 있는 시스템을 갖춘 업체들만이 생존하는 환경이 된 것이다.

당신이 현재 팔고 있는 것은 건어물인가, 생선인가. 업의 개념을 정확히 파악하고 그에 맞는 핵심역량을 확보하고 있는지 생각해보

자. 끝없이 변화하는 세상에서 산업과 기술, 고객의 욕구, 외부환경 등이 어떻게 변할지를 예측하며 당신의 핵심역량을 미래 성장동력으로 활용할 수 있도록 업의 개념을 끊임없이 재창조해야 한다. 업의 개념은 당신이 하고 있는 일의 본질이자 궁극적인 목표다.

업의 개념에 따라
'노는 물'이 달라진다

업의 개념은 이건희 회장이 취임하면서 강조해 많은 사람들의 관심을 받은 화두다. 해당 사업의 특성과 핵심성공요인critical success factors, 핵심역량core competence 같은 어려운 경영전략의 용어를, 업의 개념이라는 짧고 쉬운 말로 그룹의 전 직원들과 커뮤니케이션했다는 점에서, 요즘처럼 소통이 강조되는 시대에 참고할 좋은 사례기도 하다.

이회장은 특히 최고경영진이 업의 개념을 바로 정립해 그에 맞는 사업의 방향과 전략을 세울 것을 강조했다.[1] 조직구성원 각자는 자신이 맡고 있는 직책과 업무내용에 따라 업의 개념을 이해하고, 이에 맞게 일의 완급과 경중을 가려서 일하라는 메시지를 전파했다. 삼성의 임직원들은 업의 개념을 제대로 정의하기 위해 사업을 영위하는 기본정신과 목적이 무엇인지, 사업하는 데 필요한 핵심기술, 제품특성, 유통구조상의 특징이 무엇인지, 관련 법규와 제도, 기술 개발, 소비자의 인식 변화 등 외부환경은 어떻게 변화하는지 등을 파악하는 일에 일찍부터 관심을 가지게 됐다. 이런 업의 개념에 대한 진지한 고민과 오늘날 세계시장에서의 삼성의 위상이 결코 무관하지 않다고 생각한다.

경영진이 회사의 업을 어떻게 정의하느냐에 따라 그 회사의 미래가 달라질 수 있다. '좋은 복사기를 만드는 것'이 아니라 '사무실의 효율을 올리는 것'을 자기들의 업으로 생각한 제록스는 사무기기 종합업체로 성장했고, 소비자들에게 '즐거움'을 파는 것을 업으로 생각한 소니는 영화, 음악, 게임 쪽으로 사업을 다각화했다. 이처럼 회사가 업의 개념을 어떻게 설정하느냐가 회사의 발전방향에 많은 영향을 준다.

특히 회사가 위기에 처했을 때 업의 개념을 다시 정의해 위기를 극복한 경우도 있다. 할리데이비슨은 다른 모터사이클업체들의 출현과 자동차의 보편화로 사업이 위기에 처하자, 자기들의 사업을 '운송수단을 판매하는 것'이 아니라 '라이프스타일을 제공하는 것'으로 재정의하며 차별화에 성공했다.

비단 경영진뿐 아니라 실무급 직원들에게 업의 개념에 대한 이해는, '건어물과 생선'처럼 자기가 하고 있는 일의 본질을 이해함으로써 사업의 핵심역량을 쉽게 찾아내 자기가 맡은 일을 제대로 할 수 있게 한다.

진정한 업의 개념은 기업이나 시대와 환경의 변화에 따라서 달라진다. 그런데 이처럼 중요한 업의 개념을 어떻게 정의할 것인가. 몇 가지 방법을 정리하면 다음과 같다.

코카콜라의 경쟁상대는 물이다?

업의 개념을 정의하려면, 첫째로 시장을 넓게 재정의해야 한다. 그렇게 하면 기존 시장에서 기존의 룰로 싸우는 다른 기업에는 보이지 않는 시장이 열리고, 남과 다르게 경쟁할 수 있는 토대가 만들어진다. 코카콜라의 전 회장인 로베르토 고이주에타Roberto Goizueta는 자신들의 시장을 단순히 탄산음료시장에 한정하지 않았다.

"코카콜라의 경쟁상대는 다른 탄산음료들이 아니라 모든 음료수들이다. 모든 음료수들과 경쟁했을 때, 우리의 시장점유율은 40퍼센트가 아니라 3퍼센트밖에 되지 않는다."[2]

코카콜라는 물을 포함한 전 음료시장으로 시장의 경계를 키운 끝에 탄산음료사업의 저성장기조를 극복하고 오늘날 세계 최고의 종합음료기업이 됐다. 시장을 넓게 정의한 코카콜라는 자신들의 사업을 다른 음료시장까지 넓혀서 새로운 매출을 창출한 결과, 현재 비탄산음료부문에서 매출과 이익의 상당 부분을 만들어내고 있다.

반면 과거 미국에서 번성한 철도회사였던 앰트랙Amtrak은 업의 개념을 '철도사업'으로 좁게 정의했다.[3] 이에 경쟁사인 항공회사와의 차별화를 위해 가능한 한 비행장을 멀리 피해 철도를 깔았다. 그 결과는? 현재 앰트랙은 항공산업의 발전으로 고전하고 있다. 만약 앰트랙이 자신들의 시장을 철도사업이 아닌 '운송사업'으로 넓게 정의했더라면 종합운송·물류회사로 성장할 수 있었을 것이다.

그저 우물 안 개구리에 머물 것인가, 아니면 바다를 헤엄치는 고래가 될 것인가는 시장의 범위를 어떻게 보느냐에 달려 있다.

시계회사가 패션업계에 뛰어든 이유

둘째로 사업의 기존 정의에 도전해야 한다. 인문학적 상상력, 입체적 사고, 발상의 전환 등으로 기존과 전혀 다른 업의 개념을 설정하면 고객에게 새로운 가치를 줄 수 있다. 실제 위기에 빠졌던 사업이나 기업이 업의 개념을 재규정하면서 되살아난 경우가 있다. 사업의 초점이 바뀌면서 그동안 고객이 아니었던 사람들이 대거 몰려와 새로운 시장이 열리는 것이다.

1980년대 초 스위스 시계산업은 고전을 면치 못하고 있었다.[4] 1970년대 중반 일본업체들이 내놓은 쿼츠시계(전지로 작동하는 전자식 시계)는 시간도 정확하고 가격도 저렴한 덕분에 소비자들의 사랑을 받았고, 태엽을 감아서 사용하는 스위스의 기계식 시계는 외면받기 시작했다. 오랫동안 전 세계 시계시장을 장악해온 스위스 시계회사들은 강력한 경쟁자의 출현으로 무너져내리고 있었다. 회사들은 하나둘씩 도산했고, 시계장인들은 뿔뿔이 흩어졌다. 이때 구원투수로 등장한 사람이 스와치그룹을 설립한 니컬러스 하이에크Nicolas Hayek 회장이다.

그때까지 시계는 한번 구입하면 평생을 쓰는 실용품으로 간주되고 있었다. 얼마나 시간이 정확한지, 얼마나 사용이 편리한지가 중요했다. 하지만 하이에크 회장은 기존 시계업의 개념에 정면으로 도전, 시계를 패션제품으로 재정의했다. 마치 옷을 갈아입듯, 그날의 기분과 스타일에 따라 시계를 착용할 수 있도록 하자는 것이 그의 주장이었다. 이에 스와치는 당시 무채색이 대부분이었던 시계에 과감히 빨강, 파랑 등 원색을 사용했다. 또한 빠르게 변하는 고객의 취향에 발맞춰 3~6개월마다 새로운 디자인을 출시했다. 보수적인 시계시장에서 시도된 바 없는 원색, 다채색의 디자인은 업의 개념을 재정의했기에 가능한 일이었고, 이러한 업의 재정의는 지금까지 스와치가 세계 1위의 시계기업으로 군림할 수 있는 원동력이 됐다.

아사히야마 동물원과 디즈니랜드의 공통점

마지막으로 비고객의 입장에서도 생각해야 한다. 업의 개념은 제품이나 서비스 자체를 넘어, 그것들이 담고 있는 가치를 파악하는 데서 정의할 수 있다. '자사의 제품과 서비스를 구매하는 고객이 진정으로 원하는 것이 무엇인가? 고객이 이용하는 이유는 물론 비고객이 이용하지 않는 이유는 무엇인가?'를 생각할 필요가 있다. 크루즈는 과거 운송수단에서 현재는 추억을 만들기 위한 여행수단으로 변화했다. 고객의 입장에서 '왜 크루즈를 타느냐?'는 질문과 동시에 '왜 크루즈를 타지 않는가?'라는 질문을 통해, 크루즈가 지향해야 할 새로운 가치를 찾아낸 셈이다.

성공한 놀이동산들도 과거에는 어린이들만 이용하는 장소였지만 비고객의 입장에서 고민한 결과, 현재는 성인들에게도 인기 있는 명소가 됐다. 일본의 아사히야마 동물원은 그 좋은 예일 것이다. 재정 적자의 누적으로 1995년 폐원 위기에 처했던 이 동물원은, 고객이 중요시하는 '가치'를 주목함으로써 현재 일본 제1의 동물원으로 명성을 떨치고 있다.

동물원을 이용하는 고객이 진정으로 원하는 것은 무엇일까. 주고객인 어린이의 입장에서 보면 그림책에서나 보던 동물을 실제로 접함으로써 느끼는 재미와 호기심 충족일 것이다. 그렇다면 비고객인 성인(아이들과 함께 오는 부모를 제외하고)의 입장에서 동물원을 찾지 않는 이유는 무엇일까. 더이상 동물원이 재미있지 않기 때문이다. 동물원을 찾는 재미가 갈수록 줄어드는 이유는, 언제나 누워 있거나 잠자는 동물을 본다는 데 있었다. 처음엔 그저 살아 있는 동물을 본다는 사실만으로도 흥미롭지만, 매번 같은 모습의 동물들을 보다보면 결국 식상해지기 마련이다.

이에 아사히야마는 '움직이는 동물'을 보여줄 수 있는 방법을 고민했고, 그 결과 야생의 환경을 재현한 전시공간을 만들어냈다. 일례로 '하늘을 나는 펭귄'으로 유명한 아사히야마의 펭귄수족관은 투명한 수중통로로 설계돼 있어, 관람객이 움직이는 펭귄들을 밑에서 올려다볼 수 있다. 즉 동물원이 주는 가치를 재미로 설정함으로써 고객들의 성원을 이끌어낼 수 있었던 것이다.

업의 개념은 기업뿐 아니라 비즈니스맨 개개인에게도 중요하다. 자신이 '무엇'을 파는 사람인지를 정확히함에 따라, 자신이 '어떻게'

일해야 할지가 결정되기 때문이다. 『성공하는 기업들의 8가지 습관』이라는 책을 보면 디즈니랜드의 직원들이 자신들의 업을 어떻게 정의하고 있는지에 대한 이야기가 나온다.[5] 디즈니랜드에 새로 입사한 사원들은 숙련된 교관들의 주도로 질의응답식 교육을 받는다고 한다. 그 현장을 살짝 엿보면 이렇다.

교관: 맥도날드는 햄버거를 만듭니다. 그럼 우리 디즈니는 무얼 만든다고 생각합니까?

신입사원: 사람들에게 행복을 만들어줍니다.

교관: 네, 정확합니다. 디즈니는 사람들에게 행복을 팝니다. 그 사람이 누구든, 어떤 언어를 사용하든, 무슨 일을 하든, 출신이 어디든, 피부색이 어떻든 그런 것들은 중요한 게 아닙니다.

즉 디즈니랜드의 직원들은 '사람들에게 행복을 준다'는 업의 정의에 맞춰, 놀이공원을 찾은 손님들에게 어떻게 하면 행복을 줄 수 있을지를 고민하고 행동한다. 이것은 그들이 목표로 할 지점이 어딘지를 명확히하는 일임에 분명하다.

당신은 무엇을 파는 사람인가?

업의 개념은
일의 본질이자 궁극적인 목표다.

지금 세상이 어떻게
돌아가고 있는지 아는가

마켓센싱

여기 작은 달팽이 한 마리가 있다. 신작로가 깔리고 차들이 다니기 전까진, 달팽이가 가진 두 개의 예민한 더듬이는 생존에 충분한 감각기관이었다. 그러나 이제 세상이 바뀌어 8차선 대로가 뚫리고 16톤 트럭이 무서운 속도로 달려오고 있다. 이 도로 위를 달팽이가 두 더듬이에만 의존해 무사히 건널 수 있을까.

매년 1월이면 라스베이거스에서는 어김없이 세계 최대 규모의 국제전자제품박람회(CES)가 열린다. 2012년 CES만 해도 세계 각국에서 15만 명 이상이 참가하며 성황을 이뤘다. 그런데 이 많은 사람들이 모두 제품을 전시하거나 구매하러 온 사람들일까. CES를 주관하는 미국가전협회(CEA)에서 분석한 자료에 따르면, 참가자의 3분의 1은 제품 전시를 위해 온 사람들이며, 3분의 1은 구매를 위한 바이어들, 나머지 3분의 1은 최신기술과 시장 트렌드를 파악하기 위해 찾은 사람들이다. 우리나라에서도 유수의 기업들이 전시팀, 상담팀과 더불어 별도의 조사팀을 CES로 보낸다. 전시동향과 트렌드를 분석해 사업전략을 도출하는 데 기초자료로 활용하기 위해서다.

지금 남들은 무엇을 하고 있는지, 앞으로 어떤 새로운 것들이 나올지, 즉 세상이 어디로 가고 있는지를 아는 것은 미래의 전략을 세우는 데 필수적인 사항이다. 미국마케팅협회(AMA) 회장을 역임한 와튼스쿨의 조지 데이 교수는 "경쟁에서 이기는 기업은 경쟁자보다 빨리 시장의 중요한 변화를 알아내는 능력에서 다른 기업과 차별화된다"고 강조하면서 이 독특한 능력을 '마켓센싱market sensing 능력'이라고 불렀다.[6]

2008년 국내의 한 중견 전자업체를 경영하던 필자는 뉴욕타임스 기자와 식사를 하고 있었다. 기사를 써달라는 부탁 같은 건 하지 않기로 하고 만난 자리였다. 하지만 대부분의 대화가 그렇듯 오랜만에 만나 공통의 화제가 없으면 안부를 주고받은 뒤 곧잘 침묵에 빠지기 마련이다. 대화 주제에서 업무를 배제하고 나니, 더더욱 화제가 빨리 떨어졌다. 한동안 정적이 흐른 뒤 어색한 침묵이 불편했는지 기자가 물었다.

"요즘 당신이 일하고 있는 회사는 무얼 잘합니까?"

우리 회사의 핵심경쟁력이 무엇이냐는 질문이었다. 이럴 때 주절주절 중소기업의 기술과 특허를 이야기해봤자 큰 인상을 남기기 어렵다. 뭐라고 답하면 좋을까, 잠시 고민하던 필자는 대답 대신 그에게 물었다.

"당신은 이 식당이 왜 잘된다고 생각해요?"

그는 머뭇거리며 답을 하지 못했다. 뉴욕의 센트럴파크 건너편에 자리잡은 그 식당은 한 달 전에 전화해도 예약하기 어렵다고 소문난 곳이었다. 마침 필자의 지인이 특별히 신경써준 덕에 예약을 잡을 수 있었고, 기자는 그곳에 처음 방문한 것이라고 했다. 그는 식사 내내 음식이 맛있다며 칭찬을 아끼지 않았고, 음식을 담은 그릇의 디자인까지 칭찬하고 있던 터였다. 쉽게 답을 꺼내지 못하는 기자 대신 필자가 말을 이었다.

"조금 전에 우리가 먹은 샐러드의 야채도 참 싱싱하고 소고기 타르타르도 육질이 참 좋았지요. 하지만 이 식당이 야채와 소를 직접 키웠을 것이라고는 생각지 않습니다. 그 대신 가장 신선하고 맛있는 재료를 어디서 구해야 하는지를 잘 알고 있겠지요. 한편으로는 요즘 뉴욕 사람들이 어떤 조리방식과 어느 정도 칼로리의 음식을 좋아하는지를 파악하고 있을 겁니다. 게다가 조리한 음식을 이렇게 예쁜 그릇에 담아내니 더 맛있는 것 같네요. 이런 것들이 이 식당의 성공 비결이겠지요."

그가 동의하는 듯 고개를 끄덕이며 답했다.

"그런 것 같군요."

"우리 회사의 핵심역량도 이와 크게 다르지 않습니다. 우리 회사도 무슨 대단한 자체기술을 가지고 있다기보다는 지금 이 시간에 어떤 따끈따끈한 기술이 세계 어디에서 나오는지를 잘 알고 있습니다. 또 우리가 원하는 기술과 경쟁력 있는 핵심부품을 어디서 살 수 있는지를 알아내고 구하는 것을 잘합니다. 그리고 앞으로 소비자의 취향과 제품의 트렌드가 어떻게 바뀔지를 알기 위해 별도의 네트워크를 운영하고 있지요. 여기에 보태 그런 제품을 소비자가 원하는 디자인에 담아내는 능력도 갖고 있는 것 같네요. 이런 것들이 우리의 핵심경쟁력이 아닐까 합니다."

식당의 성공요인과 마찬가지로 남들보다 세상을 빨리 읽고 실행할 수 있는 역량, 즉 마켓센싱이 우리의 핵심경쟁력이라고 이야기한 것이다. 그리고 며칠 후 뉴욕타임스에 필자의 사진과 함께 꽤 큰 기사가 실렸다. 기대하지도 않은 회사 소개기사에 감사하다는 필자의 이야기에 그 기자는 이렇게 말했다.

"만약 당신이 구구절절 판에 박힌 회사 자랑이나 제품의 경쟁력에 대해서만 이야기했다면 이런 기사는 실리지 않았을 거예요. 당신 회사가 세상이 어떻게 돌아가는지 트렌드를 파악하는 능력이 있다고 했는데, 그건 당장 확인할 수 없지만 어쨌거나 적어도 당신은 기자가 무슨 이야기를 듣고 싶어하는지 아는 것 같아요. 그것도 마켓센싱 능력이겠죠."

달팽이가 더듬이만으로
8차선 대로를
무사히 건널 수 있을까

뉴욕타임스 기자와의 이야기는 어쩌면 작은 에피소드일지 모르지만, 여기엔 한 가지 중요한 시사점이 등장한다. 세상의 흐름을 발 빠르게 파악해야 하는 기자와 시장의 움직임에 민첩하게 대처해야 하는 경영자가 모두 마켓센싱의 중요성에 대해 인식하고 있었다는 것이다.

다시 앞의 달팽이 이야기로 돌아가보자. 숲에서는 더듬이만으로도 생존할 수 있었을지 모르지만, 환경이 완전히 달라진 도로 위에서는 이전의 더듬이만으로는 안전을 보장받기 힘들다. 이는 비즈니스에서도 마찬가지다. 오늘날 질풍노도와 같은 시장의 변화는, 기업의 내부역량을 강화하기만 하는 전통적인 운영방식으로는 결코 감당할 수 없다. 필자가 뉴욕타임스 기자가 듣고 싶어하는 이야기를 들려줬듯, 소비자가 원하는 제품을 개발하고 판매해야만 변화무쌍한 시장에서 살아남을 수 있다. 소비자가 원하는 것을 찾아내는 것, 시장이 어디로 어떻게 흘러가는지를 간파하는 것, 그것이 바로 마켓센싱의 핵심이다.

지난 몇 년간 우리 생활에 가장 큰 변화를 가져온 휴대전화시장을 살펴보자. 한때 휴대전화의 절대강자로 군림했던 노키아의 끝 모를 추락과 대만 휴대전화업체 HTC의 부상, 두 가지 이유 모두가 마켓센싱과 관련이 있다. 노키아의 추락엔 여러 이유와 분석이 있겠지만, 달팽이처럼 익숙한 작은 더듬이에만 의지하는 바람에 다가오는 거대한 위협을 파악하지 못한 것에서도 찾을 수 있다. 2007년 애플의 아이폰 출시로 본격적인 스마트폰시대가 열리고 휴대전화시장에 많은 변화가 있었지만, 노키아는 1등이라는 타이틀에 안주해 급변하는 환경에 제대로 대처하지 못했다. 반면 HTC 같은 중소업체는 안드로이드 OS(운영체제)의 가능성을 남보다 더 일찍 감지한 덕분에 스마트폰 전문업체로 자리잡을 수 있었다. 마켓센싱의 성패가 사업의 성패로 이어졌다고 해도 과언이 아니다.

다시 말해 마켓센싱이란 지금 우리 회사(혹은 우리 회사의 제품이나 서비스)가 속한 시장이 어떤 곳인지, 그곳이 어떻게 변하고 있는지를 발 빠르게 파악하고 능동적으로 대처하는 역량을 말한다. 제아무리 혼자서 열심히 노력한다고 해도, 시장과 동떨어진 노력으로는 아무런 성과도 얻을 수 없는 것이 비즈니스다.

아직도 많은 기업이 밀려드는 거대한 위협을 알아채지 못한 채 작은 더듬이에만 의지해 일하고 있다. 당신이 지금 세상의 변화를 감지하는 도구는 이전까지 써오던 작은 더듬이인가, 아니면 급격한 변화에 맞춰 새롭게 구비한 고성능 안테나인가. 익숙하다고 해서 기존의 방식과 도구에만 의존한다면, 결코 급격한 변화가 들이닥치는 도로 위에서 살아남을 수 없다. 우리는 자신이 달팽이처럼 살아가는 것은 아닌지 때때로 스스로를 되돌아볼 필요가 있다.

변화를 읽어낸 자 vs.
변화를 활용한 자

1983년, 30대의 한 미국인이 출장차 밀라노를 방문했다. 그곳에서 그는 미국과는 달리 따뜻하고 편안한 분위기의 작은 카페들을 방문하게 됐고, 즉시 그 분위기에 매료됐다. 당시 밀라노에는 약 1500개의 에스프레소 바bar가 있었는데, 바리스타는 마치 친구처럼 손님들에게 이야기를 걸며 커피를 만들어줬고 커피를 받아든 손님들 역시 집에서 휴식을 취하듯 편안하게 음료를 즐겼다. 문화적 충격을 받고 돌아온 그는 이러한 카페가 곧 하나의 흐름이 되리라 확신, 새로운 사업에 착수했다.

세계 최고의 커피 전문점 브랜드로 꼽히는 스타벅스는 이렇게 탄생했다.[7] 하워드 슐츠Howard Schultz가 밀라노 출장의 경험을 바탕으로 스타벅스를 창업한 일화는, 마켓센싱에 있어 중요한 시사점을 전달한다. 시장의 흐름을 읽는다는 점에서 마켓센싱은 트렌드를 파악하는 능력이라고 할 수 있다. 하지만 트렌드를 누구보다 빨리 읽었다고 해서 능사가 아니다. 읽기보다 중요한 것은 '활용'이다. 밀라노를 가본 사람이 어디 하워드 슐츠밖에 없었겠는가. 필자도 1983년까지 밀라노를 여러 번 방문했고 슐츠와 마찬가지로 에스프레소 바를 경험했다. 언젠가 이런 카페들이 다른 나라에서도 하나의 문화로 자리 잡을 수 있겠다는 생각을 하기도 했지만 그것이 전부였다. 사업화는 꿈도 꾸지 못했다.

결국 비즈니스에 있어 시장이 어떻게 변할 것인지를 파악하는 것도 중요하지만, 그것보다 더욱 중요한 것은 파악한 흐름을 어떻게 활용할 것인지의 문제다. 다시 말해, 시장이 어떻게 변할 것인지를 아는 것에서 나아가 변화하는 시장에서 내가 무엇을 할 수 있을 것인지를 찾는 것이 마켓센싱의 핵심이라 할 수 있다.

정주영, 윤석금, 그리고 하워드 슐츠

1970년대 한강에 처음 다목적 댐을 만들기로 했을 때, 대부분의 건설회사들은 공사를 어떻게 따낼지, 어떤 방식으로 댐을 건설할 것인지 등에 골몰했다. 그런데 현대그룹의 창업주인 고故 정주영 회장이 주목한 것은 전혀 달랐다.[8] 그는 지금은 물에 잠겨서 쓸 수 없지만, 댐 건설 후에는 사용할 수 있는 땅이 어디인지를 조사하게 했다. 그렇게 발견한 땅이 현재의 압구정동이다. 댐이 건설되면 물길이 바뀌는 것은 모두가 다 안다. 하지만 이런 생각을 행동으로 옮겨, 미리 땅을 준비해 오늘날의 압구정동을 탄생시킨 사람은 정회장뿐이었다.

1980년, 당시 군사정부에서 대학생 과외 금지라는 조치를 내려 경황이 없던 문교부(현재의 교육과학기술부)로 한 남자가 전화를 걸었다. 대면 과외가 금지된 건 알겠는데, 녹음 과외도 안 되냐는 문의였다. 발신의 주인공은 바로 웅진그룹의 윤석금 회장이었는데, 그때부터 그는 강의내용을 테이프에 녹음해서 판매하는 사업을 시작했다.[9]

댐이 건설된다는 변화보다 댐이 건설된 이후를 대비한 정주영, 과외 금지라는 새로운 정책보다 그 이후의 시장을 준비한 윤석금. 이

두 사람의 일화는 변화보다 중요한 것은 '변화 이후'라는 가르침을 전한다. 변화에 대한 긴밀한 대응이란, 이처럼 그 변화 이후의 환경을 예측하고 그에 따라 새로운 비즈니스를 만들어내는 것이라 할 수 있다.

어떻게 마켓센싱을
잘할 수 있을까

마켓센싱을 잘하기 위해서는 고객에 대한 관찰과 열린 마음, 네트워크가 중요하다. 이를 보다 구체적으로 설명하면 다음과 같다.

고객 접점의 이야기를 들어라

시장을 알기 위해서는 먼저 고객을 알아야 한다. 세계 2위의 패스트패션 브랜드로 자리잡은 자라ZARA는 고객을 알기 위해 각고의 노력을 기울인다.[10] 자라는 관찰기법을 적극 활용하는데, 각 매장의 점장들은 소비자들의 구매행동을 면밀히 관찰해 그 정보를 실시간으로 본사로 발송한다. 본사는 이렇게 모아진 정보를 분석해, 이를 토대로 제품 디자인, 매장 내 제품 진열 등에 활용하는 것이다. 즉 지속적인 관심과 관찰이 고객의 마음속으로 안내하는 지도 역할을 하는 셈이다.

미국 최고의 전자제품 유통업체인 베스트바이Best Buy 역시 매출계획, 주요 상품 기획과 도입 등 중요한 의사결정을 할 때면 고객과의 소통이 많은 주요 매장 점포장들의 의견을 들어야만 하는 절차를 만들어 운영하고 있다.

열린 마음으로 잠재고객의 미충족욕구를 파악하라

마켓센싱을 잘하기 위해서는, 항상 열린 마음으로 세상을 보는 자세가 필요하다. 시장에 정통하다는 자만심으로 예단하면 보고 싶은 것만 보고 듣고 싶은 것만 듣게 돼, 결국 상황에 대한 정확한 인식이 어렵게 된다. 시장이 보여주지 않은 것을 보고, 고객이 말하지 않은 것을 듣는 열린 눈과 귀가 필요하다. 특히 기존에 관심을 가지지 않았던 시장과 주변부 시장에 숨어 있는 잠재고객의 욕구를 파악하면 많은 것을 얻을 수 있다.

2011년, 무려 20년 동안 농심이 장악해온 국내 라면시장에 혜성처럼 등장해 지각변동을 일으킨 제품이 있었다. 출시 3개월 만에 무려 2500만 개가 팔린 팔도의 '꼬꼬면'이 그것이다.[11] 이전까지 라면은 빨간 국물이 지극히 당연한 것이라 여겨졌고, 소비자들도 별다른 불만 없이 빨간 국물을 찾았다. 하지만 일본 라멘의 유행은 하얀 국물에 대한 숨겨진 니즈의 반영이었고, 꼬꼬면은 이러한 보이지 않는 니즈를 충족시켜 성공한 사례라 할 수 있다. 결국 소비자의 니즈를 먼저 읽고 이를 제품과 서비스에 반영하는 능력이 21세기 비즈니스 환경의 주요 경쟁력이 된 셈이다.

한 가지 주의할 점은 애써 입수한 정보나 파악한 니즈를 해석하는 데 있어 열린 마음을 갖지 않으면, 제대로 된 결과를 도출할 수 없다는 것이다. 이른바 확증편향confirmation bias의 오류다. 확증편향이란 자신의 신념과 일치하는 정보는 받아들이고, 신념과 일치하지 않는 정보는 무시하는 경향을 뜻하는 심리학 용어다. 자신이 보고 싶은 것만 보고 듣고 싶은 것만 듣는 확증편향적 접근으로는, 결코 숨겨진 니즈를 읽어낼 수 없다. 이 때문에 듀폰DuPont에서는 주요 고객의 피드백을 받을 때 생산·영업·마케팅부서 직원들이 같이 만나서 인터뷰를 함으로써, 고객의 소리 중에서 듣고 싶은 것만 골라 듣게 되는 오류를 줄이기 위해 노력한다.[12]

네트워크가 중요하다

세상의 변화를 혼자 감지하고 관찰하는 것은 쉽지 않다. 따라서 비슷한 니즈를 가진 사람들끼리 서로 연대해서 시장의 트렌드나 정보를 교환하는 네트워크를 구축하면 좋다. 특히 중소기업의 경우, 대기업에 비해 정보 수집이 늦을 수 있다. 각 부문에 강점을 가진 플레이어들과 협업할 수 있는 생태계를 평소에 잘 파악하고 관리해야 하는 이유다.

지금 세상이 어떻게 돌아가고 있는가?

세상을 모르면, 세상을 움직일 수 없다.

고속버스만큼 싼 비행기,
어떻게 가능했을까

경쟁자 재정의

필자가 미국에서 근무할 때 어바인에서 피닉스까지 급하게 가야 할 일이 생겨 사우스웨스트항공을 이용한 적이 있다. 탑승수속을 했는데 지정좌석 없이 탑승구역만 표시된 플라스틱 표를 건네받았다. '저가 항공사라고 하더니 역시 하는 게 시원치 않구나'라는 생각이 들었다. 좋은 좌석에 앉기 위해서는 해당 게이트 앞에서 일찌감치 줄을 서야 했다. 음료수를 사 먹느라 빨리 줄을 서지 못했던 필자의 일행이 비행기에 탑승했을 때는, 자리가 불편한 좌석 몇 개만 띄엄띄엄 남아 있어서 함께 앉아 갈 수 없었다. 약간 기분이 나빠지려던 순간이었다. 기내에서 예상치 못했던 이벤트가 진행됐다. 연말을 맞아 가족사진을 갖고 있는 고객에게 선물을 준 것이다. 생각지도 않앉던 이벤트로 인해 불쾌했던 기분이 순식간에 유쾌해졌다.

펀Fun경영으로도 유명한 이 항공사가 지정된 좌석을 배정하지 않는 데는 숨은 이유가 있다. 공항에 도착해 승객들을 내려주고 새 행선지로 향하는 승객들을 태워 다시 출발하는 데 걸리는 시간을 회항시간이라고 하는데, 미국 국내선 항공기의 경우 보통 45분 정도가 걸린다. 반면 이 항공사는 승객들이 미리 줄을 서게 한 덕분에 그 시간을 15분으로 단축하는 데 성공했다. 공항에서의 비행기 대기시간을 줄이면 그만큼 많은 시간을 운항할 수 있기 때문에 업계 평균보다 높은 효율을 올릴 수 있다. 이것이 사우스웨스트항공이 다른 항공사보다 값싼 항공료를 받고도 업계 최고의 수익을 낼 수 있었던 이유 중의 하나다.

사우스웨스트가 저가 항공사를 시작할 때인 1971년, 텍사스 주 댈러스와 샌안토니오 간의 첫 항공편을 취항할 때로 돌아가보자. 당시 같은 항로를 오가는 항공권의 가격이 선두권 항공사의 경우는 100달러 안팎이었고 가장 저렴했던 다른 항공사는 62달러였다. 만약 당신이 사우스웨스트의 경영자라면 항공료를 얼마로 책정하겠는가. 놀랍게도 이 회사가 결정한 요금은 겨우 15달러였다. 투자자들은 "단 몇 달러라도 더 받지, 가격이 너무 낮은 것 아니냐"며 항의했지만 경영자의 대답은 단호했다.

"우리는 다른 항공사와 경쟁하는 것이 아닙니다. 우리의 경쟁자는 바로 그레이하운드Greyhound Lines(미국 전역의 교통망을 가진 고속버스 전문업체)입니다!"

그들의 독특한 저가정책 뒤에는 진정한 경쟁자를 누구로 인식할 것인가에 대한 고민이 있었다. 항공여행과 육로여행으로 나뉘었던 기존 여행시장의 경계를 허물고, 다른 항공사가 아닌 육로 운수업체를 경쟁자로 본 것이다. 사우스웨스트는 단순히 경쟁 항공사보다 싼 가격으로 다른 항공사의 승객을 빼앗아오려고만 하지 않았다. 대신 항공료가 비싸서 고속버스를 이용하던 소규모 자영업자나 학생들을 '새로운 고객'으로 인식하고, 그들을 만족시키기 위해 낮은 운임을 책정했다. 그리고 이런 낮은 운임으로도 경쟁력을 확보하기 위해 여러 가지 혁신적인 방안을 도입했다. 항공기 회항시간을 단축하기 위해 자유좌석제를 시행했고, 완전히 다른 업종인 자동차경주 '포뮬러원Formula One, F1'에서도 아이디어를 얻었다. F1경기중 차가 피트$_{pit}$(차량 정비구역)에 들어오면 엔지니어들이 일시에 달려들어 정비하는 것처럼, 기내청소, 소모품 탑재, 정비 등을 동시에 마침으로써 회항시간을 획기적으로 줄일 수 있었다. 이외에도 항공기의 운영효율 제고 및 유지 관리비 절감을 위해 단일 항공기종을 사용하며, 낮은 운임으로도 이익을 낼 수 있는 구조를 만들었다.

만약 사우스웨스트항공이 경쟁자를 고속버스가 아닌 기존의 항공사로 봤더라면 아마도 다른 항공사보다 약간 싼 항공료를 책정했을 것이고, 이 경우 항공사 간의 가격전쟁을 불러와 항공산업 전체를 어렵게 만들었을지 모른다. 그렇게 됐으면 신생 항공사인 사우스웨스트 자신들도 어려움에 봉착했을 것이다.

이렇게 누구를 경쟁자로 보는가 하는 문제는 기업이 전략을 수립하는 데 매우 중요한 성찰이다. 경쟁자를 설정하는 일은, 자신이 뛰어놀 무대를 정하는 일인 동시에 자신이 상대할 고객을 결정하는 일이기도 하다.

나이키가 소니의 유비쿼터스 전략을 만들었다?

사우스웨스트항공이 고속버스를 경쟁자로 인식해 저가 항공의 지평을 연 것과는 달리 기존 고객의 라이프스타일을 꿰뚫어본 뒤, 경쟁자를 새롭게 정의하고 새로운 전략을 만들어낸 사례도 있다.

필자가 소니에서 일을 시작하며 소니 본사를 처음 방문했던 2001년 말 궁금한 점이 있었다. 당시 많은 전자회사들에 있어 소니는 우선순위 1번의 가장 위협적인 경쟁자였다. 그렇다면 소니는 도대체 어느 회사를 경쟁자로 여기고 있는가. 필자의 질문에 대한 소니 본사의 답은 놀라웠다.

"소니의 경쟁자는 나이키다."

처음에는 이 말이 당시 글로벌 넘버원이었던 소니가 '전자업계에 우리의 경쟁자는 더이상 없다'라는 자신감을 표현한 게 아닌가 하는 생각이 들었다. 그러나 이런 경쟁구도의 인식이 만들어내는 소니의 새로운 전략을 알게 되면서 신선한 충격을 받았다. 당시 다른 전자 회사들이 전자업계 간의 경쟁구도만을 생각하고 있을 때, 소니는 소비자의 구매력 관점에서 경쟁구도를 인식하고 있었던 것이다.

소니는 나이키 운동화를 신고 야외에서 활동하는 소비자가 많아질수록, 상대적으로 집에서 엔터테인먼트를 즐기는 소비자는 줄어들 것으로 예상했다. TV 같은 가정용 전자제품에서 절대적인 강세를 보였던 소니는 전자시장에서의 시장점유율market share보다 소비자들의 제한된 가처분소득을 대상으로 지갑점유율wallet share을 높이는 데 관심을 갖고 있었다.

그 결과 소비자를 코쿤 스타일cocoon style(누에고치처럼 집 안에서 웅크리고 있는 모습에서 따온 용어)과 야외활동을 주로 하는 아웃도어 스타일로 나누고, 나이키 제품을 사는 사람처럼 야외활동을 많이 하는 소비자들도 소니 제품에 지갑을 열게 하겠다는 전략을 세웠다. 이게 바로 소니의 '유비쿼터스 밸류 네트워크(UVN)전략'이다. 소비자들이 집 밖에서도 음악, 영화, 게임 등의 콘텐츠를 즐길 수 있도록 하겠다는 것인데, 이 전략은 소니가 기존의 전자업체가 아닌 나이키를 경쟁사로 인식한 데서 나온 것이다.

UVN전략은 달리 말해 소니가 하드웨어 제조회사에서 하드웨어와 서비스콘텐츠를 동시에 연결하는 회사로 나아가겠다는 선언이기도 했다. 그전까지 소니의 핵심사업은 TV, 오디오 등의 AV사업군이었다. 트리니트론(브라운관TV의 하나)을 비롯해 워크맨으로 이어진 제품의 발전은 소니를 가전왕국으로 불리게 하기에 충분했다. 하지만 당시의 경영진은 자신들이 운영해오던 비즈니스의 본질에 대해 다시 고민하게 됐다. AV가전제품만으로 세계 최고의 회사를 유지하기에는 시대가 너무도 빠르게 변하고 있었기 때문이다.

이에 소니는 기존의 역량을 바탕으로 컴퓨터, 전자 애완로봇, PDA 등으로 비즈니스 영역을 확장했고, 게임사업에도 진출해 플레이스테이션의 성공을 맛봤다. 이어 음악과 영화 그리고 게임콘텐츠를 자신들이 만든 모바일기기를 통해서 언제 어디서나 즐길 수 있도록 하는 UVN전략을 실행해나갔다. 그후 아쉽게도 이 전략은 결실을 맺지 못하고 소니의 경영에 짐이 됐지만, 이는 전략이 잘못돼서라기보다는 사용환경과 인프라의 미비와 관련된 타이밍의 문제가 아닌가 한다. 분명한 사실은, 그 성패 여부를 떠나 소니가 경쟁자를 새롭게 인식함으로써 새로운 시장을 창출하려 했던 것은 비즈니스맨들에게 시사하는 바가 크다는 것이다.

경쟁자를 누구로 정하느냐에 따라 '노는 물'이 달라진다. 비슷한 사례로 현대카드를 들 수 있다.[13] 정태영 사장이 현대카드에 부임한 2003년, 당시 대부분의 신용카드회사들은 현금서비스나 카드론 같은 대금업에 치중하고 있었다. 이에 정사장은 국내 신용카드회사가 아닌 아멕스AmEx 같은 외국 신용카드회사를 라이벌로 삼고, 현금 대출이 아닌 신용 판매credit sale시장에 뛰어들었다. 그리고 2004년 전체 영업수익의 75퍼센트를 가맹점의 신용 판매를 통해서 얻는 쾌거를 이룰 수 있었다.

많은 기업들이 회사의 중·장기목표로 업계 몇 위 안에 들겠다고 하면서도, 시장의 변화나 경쟁구도 등에 대한 심도 있는 고민은 부족할 때가 많다. 심지어는 경쟁대상이 누구인지조차 명확히 밝히지 못하는 경우가 있다. 경쟁자가 누구인지, 시장이 어딘지에 대한 정의도 없이 업계 최고 또는 세계 최고가 되겠다는 목표는 공허한 메아리로만 남을 뿐이다. 진정한 경쟁자가 누구인지에 대한 고민이 있어야 제대로 된 전략이 나온다. 업계 최고의 회사가 되려면 눈에 보이는 경쟁자들뿐 아니라 잠재적 경쟁자들도 볼 수 있어야 한다.

언제 경쟁자를
재정의해야 하는가

기업의 미래전략을 수립하기 위해서는 경쟁자를 모니터링하는 시스템과 제도를 구축해야 한다. 하지만 더 중요한 것은 누구를 경쟁자로 여길 것인지를 결정하는 일이다. 경쟁자가 누군지를 제대로 파악할 때 이기는 전략을 수립할 수 있다. 시장의 변화를 보며 끊임없이 경쟁자를 인식해야 하지만, 특히 다음의 경우 경쟁자를 새롭게 정의해봐야 한다.

기술의 발전이 급격할 때

기술의 발전, 특히 오늘날처럼 기술의 융·복합화가 일어날 때 전혀 다른 업종의 회사들이 새로운 경쟁자가 되기도 한다. 자동차에서 전자부품의 비중이 높아지고 전기배터리가 동력이 되면, 전자회사들이 자동차산업에 진출할 수도 있다. 현대자동차의 경쟁자가 삼성전자가 될 수도 있는 것이다. 애플은 전통적으로 PC 제조업체였지만 어느덧 휴대전화의 주요 경쟁자로 등장했고 이제는 스마트TV 제조업체들과의 일전을 준비중이다. 검색시장에서 강자였던 구글은 최근 자동운행 시스템을 갖춘 무인자동차까지 개발함에 따라 차세대 자동차를 개발하려는 업체들을 긴장시키고 있다.

특히 선두를 달리고 있는 기업들은 기술의 발전이 급격화될 때, 예상치 못한 복병의 출현을 경계해야 한다. 하버드 대학의 클레이튼 크리스텐슨Clayton Christensen 교수는 대기업일수록 현재 상태에서 위협적이지 않은 저가상품 개발업체를 등한시하다보면 그들의 발 빠른 대처에 자신의 시장이 잠식되는 운명을 겪게 된다고 경고한 바 있다.[14] 그의 표현을 빌리면 '파괴적 혁신disruptive innovation'의 희생양이 된다는 것이다.

파괴적 혁신은 '잘나가는 기업도 한방에 끝장날 수 있다'는 말로 설명된다. 기술이 발전할수록 선두기업들은 대규모 투자로 첨단제품을 개발해 비싼 가격으로 판매하는 일에 몰두하게 된다. 이때 그들의 경쟁자는 고성능으로 무장한 고가의 제품을 만드는 기업들이다. 하지만 그들이 인식하지 못하는 사이, 싸고 단순한 제품을 만드는 기업들이 시장을 잠식해가고 결국 막강한 경쟁자로 부상한다는 것이 크리스텐슨 교수의 주장이다.

고도성장기, 일본기업들은 앞서가고 있던 많은 미국기업들을 파괴적 혁신을 통해서 추월했다. 예를 들어 토요타와 소니는 소형차와 트랜지스터라디오처럼 단순하고 저렴한 제품으로 시장의 가장 밑바닥부터 시작해서 한 발짝씩 고가시장을 점령해나갔다. 파괴적 혁신을 통해 밑바닥에서 위로 치고 올라오는 경쟁자들을 인식하지 못하면, 지금의 성공을 보장할 수 없음을 명심해야 한다.

정부 규제나 소비자 라이프스타일의 변화가 심할 때

정부의 규제와 관련된 것으로는 2003년 보험업법 개정으로 탄생한 제3보험이 좋은 예다. 상해·질병·간병보험 등 3대 보험상품을 생명보험사와 손해보험사가 모두 팔 수 있도록 허용돼 두 업계가 경쟁관계가 됐다.

소비자의 라이프스타일이 바뀌어서 새로운 대체재와 경쟁하는 경우도 흔히 볼 수 있다. 국내 휴양지 간에 관광객을 유치하던 경쟁이, 소득수준의 향상과 해외여행의 일반화로 변화를 맞았다. 이제는 국내 휴양지가 해외 휴양지와 경쟁하고 있는 것이다. 미국의 경우에도 전통적 휴가지로 인기를 끌던 아카디아국립공원이나 포코노 같은 곳들이 항공여행의 대중화로 쇠락의 길을 걷게 됐다. 하와이나 아스펜 등 경쟁력 있는 휴가지가 급부상했기 때문이다. 그들이 시장의 변화를 미리 읽고 새로운 경쟁자의 출현에 대비해 고급화와 차별화를 했다면 상황은 달라졌을 것이다.

조직의 비전이 바뀔 때

2001년 필립스는 절체절명의 위기에 직면했다.[15] 당시 매출은 전성기인 1996년에 비해 30퍼센트 급감했고, 영업손실은 사상 최대치를 기록했다. 이에 CEO인 헤라르트 클레이스테를레이Gerard Kleisterlee는 공격적인 구조조정을 감행했다. 첨예한 대립을 불러온 부분은 2006년 시행한 반도체사업부의 매각이었다. '기술의 필립스'를 상징하던 사업부의 매각에 "필립스의 심장을 도려내는 짓"이라는 비난과 반발이 쏟아졌다. 하지만 먼 미래를 바라본 클레이스테를레이는 과감히 매각을 단행했고, 이렇게 얻은 자금으로 신성장동력으로 점찍어둔 의료기기와 조명분야의 기업들을 인수했다.

이제 필립스의 경쟁자는 기존의 전자회사들이 아닌 라이프스타일 기업들이다. 소비자의 일상생활에 밀접한 관계를 맺는 기업들이 새로운 경쟁자로 자리매김한 것이다. 조직의 비전이 바뀌었다는 것은 조직이 착수할 전략이나 도전할 시장이 변화했다는 의미다. 당연히 경쟁자도 재정의돼야 할 시점인 것이다.

2장
관계경영

함께 일하는 사람이라고 하면, 우리는 흔히 동료 정도를 떠올린다.
하지만 내가 하는 일을 제대로 알고 경영하기 위해선, 일에 포함된 모든
사람을 알아야 한다. 조직구성원뿐 아니라 고객, 거래처까지가 모두
내 일의 영역에 들어 있다. 그들 모두를 면밀히 고려하지 않고선
일을 제대로 하기란 불가능하다. 뼛속까지 고객의 입장에서 생각하는
'아웃사이드인outside-in 마인드', '하나'로 일하는 조직문화,
거래처의 신뢰를 얻기 위한 '상생경영'이 필요한 이유다. 이러한 관계경영을
제대로 이해하면 원하는 것을 얻어내는 '상자 밖 협상'도 가능하다.

IBM은 왜 경쟁사 제품을
끼워 팔았나

아웃사이드인
마인드

관계경영에 있어 첫번째는 고객의 정의다. 기업의 전략을 세우는 데 있어 고객이 누구인지를 파악하는 일은 중차대하다. 동일한 사업을 전개하면서도 고객을 누구로 보느냐에 따라 디테일한 전략이 달라질 수 있기 때문이다.

1890년대까지 사진 촬영은 사진관을 운영하는 사람이나 전문사진가의 전유물이었다. 사진건판을 만들며 사진업에 뛰어든 코닥의 창업자 조지 이스트먼George Eastman은 기존 제품의 불편함을 없애기 위해 필름을 개발했다. 하지만 이 혁신적 제품이 전문사진가들의 관심을 끌지 못하자 필름의 고객을 재정의하기에 이른다. 코닥은 고객을 자신의 추억을 사진으로 남기고 싶은 일반인들로 상정했고, 이에 일반인들도 쉽게 사용할 수 있는 '브라우니Brownie'라는 카메라를 만들어서 필름을 보급시켰다. 고객의 재정의가 새로운 제품의 개발, 더나아가 새로운 시장의 창출로 이어진 것이다.

네스카페도 비슷한 경우다. 현재 일반인에게 인기리에 판매중인 캡슐커피는 애초에 바리스타를 위해 개발된 네스프레소 커피머신에서 비롯됐다. 네스카페는 카페에서 좀더 편하고 쉽게 커피를 만들 수 있도록 고압에서 커피를 자동추출하는 기계를 발명했다. 이 제품은 카페나 식당을 고객으로 삼고 개발했지만 그들로부터 예상했던 수요는 일어나지 않았다. 기계의 실제 사용자는 카페의 바리스타들인데 이들은 직접 원두를 갈고 커피를 내리는 번거로운 작업을 오히려 그들 고유의 일로 인지하고 있었기 때문이다. 결국 제품은 철저히 외면당하고 말았다.

그때 네스카페는 새로운 고객을 봤다. 카페에서 마시는 것 같은 고급 원두커피를 마시고 싶지만, 일련의 과정을 번거로워하는 일반인들을 새로운 고객으로 인식했다. 이에 개인용 커피머신을 개발했고, 이 제품이 진화해 요즘 인기를 끌고 있는 캡슐 전용 네스프레소 머신이 나오게 된 것이다.

비즈니스의 모든 기본과 중심에 고객을 두는 '고객중심경영'이 식상한 경영이론처럼 들리는 요즘이지만, 여전히 많은 기업들이 고객중심경영을 제대로 실천하지 못해 애를 먹고 있다. 고객중심경영은 그 무엇에 앞서 자사의 고객이 누구인지 파악하고 정의하는 것부터 시작해야 한다. 자신의 제품이나 서비스의 고객을 누구로 설정하는

지에 따라, 새로운 제품을 개발할 수도 있고 이전에는 몰랐던 고객을 새롭게 발견할 수도 있다.

'이익을 얼마나 냈느냐' 가 아니라 '고객이 얼마나 만족했느냐'

고객이 누구인지를 파악했다면, 기업이 아닌 고객의 입장에서 생각하는 고객 중심의 발상이 이어져야 한다. 필자는 한때 오디오기기에 탐닉한 적이 있다. 요즘처럼 라이브 연주를 보는 것이 쉽지 않던 시절, 원음에 가까운 악기의 선율을 듣기 위해서 적은 금액이라도 돈만 생기면 앰프를 바꾸고 턴테이블을 바꾸고 스피커를 업그레이드했다. 또다시 카트리지도 바꾸고 스타일러스(카트리지의 바늘)까지 지속적으로 바꿔가며 참소리를 듣고자 했다.

그때 세운상가에서 오디오제품을 취급하던 한 사장님을 만난 적이 있는데, 지금도 그를 잊을 수 없다. 다른 가게들이 이익이 가장 많이 남는 제품들만 팔려고 할 때, 그는 다른 가게 사장들과는 다르게 고객을 대했다. 그는 자기 가게의 재고 중에서만 제품을 추천하지 않았다. 필자의 주머니 사정과 즐겨 듣는 음악의 종류 등을 물어가며 최적의 오디오제품 조합을 만들어주기 위해 때로는 경쟁가게에 있는 제품을 권하기도 했다.

1993년 IBM이 경영 정상화를 위해 CEO로 영입한 루 거스너Louis Gerstner는 IT 전문가가 아니었다.[16] 아멕스와 나비스코Nabisco의 CEO를 역임한 그는 IT는 잘 알지 못했다. 대신 고객이 무엇을 원하는지는 알고 있었다. 그는 '기술은 기업이 유일한 경쟁우위로 삼기에는 너무도 빠르게 변화하므로, 기업들은 고객이 어떻게 기술을 활용할지 도와주는 것이 중요하다'고 생각했다. 이에 IBM을 메인프레임컴퓨터와 PC의 판매회사에서 솔루션solution 판매회사로 바꾸면서 회사 재건에 성공했다.

IBM이 솔루션 판매회사로 성공적인 변신을 이룬 배경에는 무조건 자사 제품이나 서비스를 판매하던 방식에서 벗어나, 고객의 관점에서 가장 유리한 최고의 솔루션을 제공해야 한다는 원칙이 있었다. 최고의 솔루션이란 같은 비용cost으로 더 많은 편익benefit을, 같은 편익이라면 더 낮은 비용으로 고객에게 제공하는 것이다. IBM은 자사의 제품들이 최고의 솔루션을 구축하는 데 맞지 않을 때는 경쟁사를 포함한 다른 회사 제품까지도 과감히 패키지에 포함해 최고의 솔루션을 제공했다. 마치 전문지식을 가진 업계의 독립적인 최고 전문가가 고객을 위해 제품과 서비스를 직접 골라주는 식이었다. 당연히 회사가 영업부서를 평가할 때도 자사 제품이나 서비스를 얼마나 포함하고 얼마나 이익을 냈느냐가 아니라 다른 회사 제품을 써서라도 '고객을 얼마나 만족시켰느냐'를 따졌다.

하지만 IBM처럼 고객중심경영을 실현하는 기업은 많지 않다. 몇 년 전에 한 지인의 집들이에 초대받은 적이 있다. 아파트는 그 브랜드의 명성에 맞게 잘 지어져 있었고, 모든 가구와 전자제품은 최신의 제품으로 채워져 있었다. 그런데 빌트인built-in 가전제품은 어쩌면 그렇게 하나같이 같은 계열 전자회사의 제품 일색인지. 물론 그 브랜드를 가진 제품 대부분이 가전시장에서도 최고의 명성을 가진 것이긴 하지만, 만약 입주자에게 각각의 제품에 대한 선택권이 주어졌더라도 과연 그렇게 한 회사 제품만을 선택했을지는 의문이었다. 입주자에게 가장 살기 좋은 주거여건을 제공하는 것이 아파트 건설업체의 목적이라면, 계열사 제품을 당연시하기보다는 고객의 관점에서 가장 적합한 제품들을 설치했어야 하지 않을까.

요즘 대기업의 내부거래에 대해 사회의 관심이 높다. 내부거래는 대규모 기업집단에 소속된 계열회사 간 거래를 뜻한다. 일감 몰아주기 등 내부거래가 공정거래를 저해할 수 있고 중소기업에 피해를 준다는 우려의 소리가 크다. 이에 공정거래법에서 일정 규모 이상의 내부거래는 공시하도록 하고 있다. 2012년 금융감독원의 전자공시에 따르면 내부거래의 규모가 2011년보다는 많이 줄어서 공정거래 실현이라는 측면에서 큰 개선이 있었다고 한다. 그러나 대기업의 일감 몰아주기를 중소기업과 불공정경쟁을 한다는 시각에서만 보기에는 뭔가 아쉬운 부분이 많다. 중소기업의 일감을 빼앗는다는 공정거래의 시각에서만 접근할 것이 아니라 '고객에게 최고의 가치를 제공하려면 자기들이 가지고 있는 제품과 서비스만을 활용하는 것으로는 부족하지 않을까' 하는 시각에서도 볼 필요가 있다.

IBM의 성공사례가 말해주듯 한 회사가 가지고 있는 제품과 서비스만으로 모든 고객을 항상 만족시키기는 쉽지 않다. 그렇다면 대기업이 일감 몰아주기와 같은 관행으로 고객에게 최고의 가치를 제공할 수 있을까. 소비자가 가장 만족하는 패키지가 가능하도록 선택권을 소비자에게 돌려줘야 하지 않을까. 다행히 요즘은 입주자가 원하는 빌트인 가전제품을 옵션으로 선택할 수 있게 하는 아파트도 늘고 있다.

솔루션을 팔아야 하는 회사일수록 고객가치 극대화를 위해서는 자사 제품과 서비스로부터 자유로울 수 있는 태도가 주요한 성공요인이다. 대기업의 일감 몰아주기도 중소기업 보호라는 관점뿐만이 아니라, 소비자에게 최고의 가치를 줘야 한다는 측면에서 다시 생각하는 발상의 전환이 필요한 것이다.

런던 경영대학원의 니르말야 쿠마르 교수는 저서 『마케팅에 집중하라』에서 승리하는 기업이 되기 위해서는 "제품을 팔지 말고 솔루션을 제공하라"고 이야기한다.[17] 더불어 솔루션 판매회사로 거듭나기 위해서는 고객에게 최고의 가치를 줄 수 있도록, 때로는 자기 것도 과감히 버려야 한다고 강조하고 있다. 기업이 자기의 이익 대신 '고객의 만족'을 목표로 뛸 때, 고객은 진심으로 감동하고 충성심을 불태우게 된다. 진정한 고객중심경영이란, 철저히 고객의 입장에서 가장 이익이 되고 가장 만족스러운 모델을 찾아내고 실현시키는 일인 것이다.

최고의 가치가 아니면
고객의 마음을 살 수 없다

고객중심경영이란 곧 고객에게 최고의 가치를 주는 일이다. 이를 위해서는 단일제품을 팔든지 솔루션을 팔든지 언제나 고객의 관점에서 생각하는 자세가 필요하다. 가격이 같으면 더 많은 가치를 줄 수 있어야 하고, 줄 수 있는 가치가 같다면 가격이 낮아야 한다. 제품 취득을 위해 지불하는 가격뿐 아니라, 제품의 유지·보수를 위해 고객이 지불해야 하는 총비용을 경영학 용어로는 '고객의 총소유비용Total Cost of Ownership, TCO'이라고 한다. 다시 말해 고객에게 최고의 가치를 주기 위해서는 이 TCO를 절감해줄 수 있어야 한다.

단일제품 판매에서는 에어버스Airbus가 TCO 절감을 고려해 성공한 좋은 예이다. 에어버스는 많은 항공기 기종을 갖고 있지만 모든 기종의 조종실이 동일하게 설계돼 있고, 운항방법도 비슷하다. 항공사 입장에서는 기종을 바꿔도 조종사들을 별도로 재교육할 필요가 없기 때문에 융통성 있게 항공 운항일정을 잡을 수 있다. 반면 보잉Boeing은 기종에 따라 전혀 다른 조종실 디자인을 갖고 있어서, 같은 보잉의 항공기라도 기종을 바꿀 때마다 조종사를 재교육시켜야 한다. 보잉은 동일 규모의 항공기를 에어버스보다 훨씬 매력적인 가격에 판매했지만, 항공기의 가격은 항공사 전체 운항경비 중 일부에 지나지 않는다. 결국 항공사들이 TCO 때문에 보잉을 꺼림으로써 한

동안 에어버스에 밀려 고전해야 했다.

솔루션 판매의 경우에는 특히 고객의 관점에서 대안을 만들어주는 것이 중요하다. 이를 위해서는 우리 회사의 제품만을 고집해서는 안 된다. 다른 회사의 제품이라도 경쟁력이 있다면 과감히 채택해야 하고, 이를 위해 다른 회사 제품과 호환될 수 있는 열린 시스템을 가져가는 것이 필요하다. IBM이 솔루션 판매를 표방하고 나섰을 때, '따라하기'에 나선 많은 경쟁업체들은 자기들의 제품이 우월하다는 자만심에 빠져 IBM처럼 다른 회사의 제품들을 포용하지 못했다. 그 결과 대부분의 경쟁업체들이 고객들에게 최고의 가치를 주는 데 실패해 고전하는 모습을 보면, 새삼 열린 시스템의 힘과 고객을 먼저 생각하는 조직문화의 중요성을 느끼게 된다.

아웃사이드인 마인드가 충성고객을 만든다

제품이든 서비스든 그 중심에 고객이 있다면, 당연히 고객이 원하는 것을 만들어야 한다. 그런데 많은 기업이 스스로도 모르는 사이에 '자신이 만들고 싶은 것'을 '고객이 원하는 것'이라고 착각하곤 한다.

1980년대 초반 필자가 근무하던 삼성전자의 수출 초기, 채널당 185와트의 앰프를 개발했다. 세계 최고 출력의 제품을 만들 만큼 선진기술을 확보했다는 자긍심이 대단했고 그만큼 회사 내부의 기대도 높았다. 하지만 결과는 처참했다. 판매가 거의 이뤄지지 않은 것이다. 이유는 분명했다. 가정용 오디오로 그렇게 높은 출력을 원하는 소비자가 많지 않았다. 그리고 설사 좋은 음질을 위해 고출력 오디오를 원하는 소비자가 있다 하더라도, 누가 이름 없는 회사의 제품을 사겠는가.

제품이나 서비스를 개발할 때 유의할 점은 그것이 우리(자사)가 만들고 싶은 것인지, 그들(고객)이 원하는 것인지를 판단하는 일이다. 세상에 없던 것, 완전히 새로운 것이라고 해서 반드시 고객의 사랑을 받는 것은 아니다. 예를 들어, 지금껏 없었던 색다른 소재의 휴대전화를 만든다고 해보자. 보통의 휴대전화를 만드는 비용이 100이고, 새로운 소재의 휴대전화를 만드는 데는 150이 든다고 할 때 소비자가 50 이상의 가치를 느끼지 않는다면(50 이상을 더 지불할 구매욕구가 없다면) 아무리 최첨단 소재의 제품이라도 개발돼서는 안 된다.

창조성은 아무리 강조해도 지나침이 없다. 그러나 고객이 원하지 않는 창조는 연구실의 프로토타입prototype은 될 수 있겠지만, 사업의 대상은 되지 못한다. 유능한 개발자는 세상에 없는 것을 만들고 싶어하는 창조본능을, 소비자의 니즈를 찾으려는 아웃사이드인outside-in의 관점과 잘 조화시키는 사람이다. 성과를 내는 경영자 역시 개발 부문의 창조성을 훼손하지 않으면서 사업성 역시 훼손되지 않도록 관리하는 사람이다.

2007년 '고객이 있는 곳이 곧 고객센터'라는 고객 중심 발상으로 보험업계 최초로 '찾아가는 서비스'를 도입한 한화생명은 아웃사이드인 마인드의 좋은 사례다.[18] 아웃사이드인 마인드는 내가 제공하고 고객이 선택하게 하는 것이 아니라, 고객이 원하는 것을 제공하는 것이다. 그리고 이러한 아웃사이드인 마인드는 충성고객으로 이어진다. 한화생명은 찾아가는 서비스 출시 이후 최근까지 누적 이용고객이 36만 명을 넘어서며, 고객의 사랑을 받고 있다.

소비자 마음은 소비자도 모른다

아웃사이드인 마인드가 고객중심경영의 중요한 축인 것은 분명하지만, 한 가지 유의할 사실이 있다. 소비자의 마음은 소비자도 모르는 경우가 많다는 점이다. 포터블TV(휴대용 TV)를 가장 먼저 판매한 회사는 소니다. 하지만 사실 가장 먼저 개발한 회사는 따로 있다. 바로 GE였다. 포터블TV를 개발한 GE는 제품 도입전략을 수립하기 위해 시장조사를 시행했는데, 대부분의 소비자가 포터블TV의 필요성에 대해 의문을 표했다. 좋은 제품이기는 하나 당장의 필요성은 모르겠다는 것이다. 조사결과를 토대로 GE는 포터블TV가 시기상조라고 판단하고 출시를 미뤘다. 그런데 몇 개월 후, 소니가 포터블TV를 시장에 내놓았고 공전의 히트를 쳤다. 당시 소니의 모리타 아키오 회장은 다음과 같은 명언을 남겼다.

"시장은 존재하지 않는다, 만들어질 뿐이다Markets do not exist, they are created."[19]

때로는 리서치로 모든 것이 나오지 않는다는 것을 알아야 한다는 사실을 일깨워주는 일화다. 앞서 마켓센싱에서도 언급했듯, 고객중심경영에 있어서 역시 말하지 않은 것, 보여주지 않은 것까지 듣고 보는 섬세한 노력이 필요하다.

고객의 머릿속에 들어가본 적이 있는가?

고객중심경영은,
나의 고객이 누구인지 그가 무엇을 원하는지를
아는 데서 출발한다.

추락한 소니 vs.
떠오른 삼성

이기는 조직문화

"삼성과 소니, 두 회사 중에 누가 승자가 될 것인가?"

삼성전자에서 오랫동안 근무하다가 소니코리아로 옮겼던 필자가 이직 이후 가장 많이 받은 질문이다. 하지만 시장환경과 경쟁여건이 빠른 속도로 바뀌고 있어, 두 회사를 모두 경험한 필자로서도 그 답은 알 수 없는 일이었다. 더불어 '친정' 회사를 비교해 언급한다는 것이 적절치 않다고 생각했던 필자는 "문과 1등과 이과 1등을 비교해서 무엇 하나요?"라며 애써 '비교 불가' 혹은 '비교 무의미'라는 답변을 하곤 했다.

사실 두 회사가 TV, 오디오 등 AV제품에서 경쟁하고 있긴 했지만, 직접 경쟁하는 제품의 매출비중은 다소 제한적이었다. 삼성은 반도체, LCD 등의 핵심부품과 모니터, 통신제품 등 전자산업의 '필수품'이라고 할 수 있는 제품군의 비중이 컸고, 소니는 각종 디지털 엔터테인먼트기기를 중심으로 방송장비, 영화, 음악, 게임 등의 콘텐츠로 수평·수직 확장을 시도한 '엔터테인먼트'를 파는 업체였다. 그렇기에 삼성전자와 소니는 같은 전자업계에 있지만 나름 다른 길을 가는 회사이므로 두 회사의 맞비교는 의미가 없다는 뜻에서 문과 1등과 이과 1등이라는 비유를 사용한 것이다.

그러나 이런 상이한 매출의 구성에도 불구하고 두 회사의 조직문화, 일하는 방식에 대한 비교는 우리에게 많은 시사점을 준다.

'모두'가 '하나'로……
집단적 몰입의 힘

일본 종합잡지 문예춘추는 2012년 7월호에서 '애플, 삼성에 이기는 비책秘策 – 소니 새 사장의 개혁선언'이란 제목의 좌담기사를 실었다.[20] 전례 없는 위기상황에서 발탁된 히라이 가즈오平井一夫 사장의 각오가 눈에 들어왔다. 그는 어떻게 위기에 빠진 소니를 개혁하겠다는 이야기일까. 또 이 기사는 앞부분에서 '모노즈쿠리もの造り(최고의 제품을 만들기 위해 심혈을 기울이는 자세라는 뜻으로, 일본 사회의 장인정신을 의미), 일본의 영광과 좌절'이란 제목으로 '일본기업은 왜 애플, 삼성에 졌는가?'라는 질문을 던지며 일

본기업의 반성과 도전을 주문하고 있다.

어쩌면 삼성에 소니는 이제 더이상 경쟁상대가 아닌지도 모른다. 삼성전자와 소니의 최근 실적을 비교하면 더욱 그렇다. 그러나 삼성전자 근무 시절엔 소니를 롤모델이자 경쟁자로 여겼고, 이후 소니에 근무하면서 삼성과 경쟁하며 한국시장을 공략할 때 소니 내부의 너무나도 다양한 목소리에 당혹해했던 필자는 "전 직원의 일체감을 고양하기 위해 '하나의 소니One Sony'라는 콘셉트가 중요하다"는 히라이 신임사장의 문제의식이 가슴에 확 와 닿는다. 소니의 창업정신은 자유활달自由闊達이다. 이는 개인의 창의를 존중하고 조직의 다양성을 장려하는 것으로, 소니다움을 추구하는 조직문화의 DNA였다. 그러나 이 자유활달의 조직문화는 창업세대에 비해 카리스마가 부족했던 전문경영인들의 리더십과 조화를 이루지 못했다. 이 때문에 소니는 많은 비용을 치러야 했다.

2004년 여름, 필자는 소니코리아 대표로서 신라호텔에서 열린 한 모임에 참석했다. 삼성과 소니가 두 회사 합작법인인 S-LCD의 준공을 자축하는 만찬자리였다. 양측에서 각각 40명 정도씩 참석했는데, 소니 측에서는 놀랍게도 본사 임원의 대부분이 나왔다. 당시 소니 본사의 전체 임원 수는 40여 명이었는데 일부를 제외하고 거의 참석한 것이다. 소니의 최고경영진이 한꺼번에 움직이는 것은 매우 이례적이어서 필자는 일본 본사에서 온 임원에게 물었다.

"이번 합작사업이 소니에 이렇게 중요한가요?"

그 질문에 의외의 대답이 돌아왔다.

"이 합작사업이 중요하다기보다는 이 합작에 다른 의견을 갖고 있는 임원들이 아직 많아 한목소리를 내도록 하기 위해 모두 참석하게 했습니다."

회사 내부의 의견 차이로 LCD 합작 파트너를 선정하지 못하던 소니는 당시 차기 사장후보로 알려져 있던 쿠타라기 켄久多良木健 부사장에게 결론을 내도록 했다. 그는 고심 끝에 삼성을 파트너로 결정했지만, 자유활달 조직문화의 영향 때문인지 합작공장이 준공될 때까지도 회사 안에서 이견이 표출되고 있었다. 그러자 쿠타라기 부사장은 이데이 노부유키出井伸之 회장에게 "이번 준공식에 모두 참석해 같이 밥 먹고 사진이라도 찍어야 뒷말이 없을 것 같다"며 전 임원의 참석을 부탁했다고 한다.[21] 일본에서조차 한자리에 모이는 경우가 드문 소니의 전체 임원진을 단지 공감대 형성을 위해 이국땅인 한국에서 모이게 한 것이다. 성공적인 프로젝트 추진을 위해 경영진의 공감대를 끌어내는 것은 매우 중요한 과정이다. 하지만 이렇게까지 많은 시간과 비용을 들여서야, 전 직원들이 '한 방향의 중요성'으로 무장된 삼성과 어떻게 경쟁할 수 있단 말인가.

싱가포르 국립대학의 장세진 교수는 그의 저서 『삼성과 소니』에서 "삼성의 부상과 소니의 부진은 전략의 차이로 설명할 수 없고, 전략보다는 내부의 조직 프로세스와 경영진의 리더십 차이가 두 기업의 운명을 결정했다"고 하면서 삼성의 스피드와 실행 중심의 조직문화를 높게 평가했다.[22]

71

무엇을 경영할 것인가

인시아드 경영대학원의 이브 도즈 교수는 저서『신속전략게임』에서 '집단적 몰입collective commitment'을 끌어낼 수 있는 조직문화가 기업 경영의 핵심요소라고 강조한다.[23] 즉 회사의 다른 역량이 비슷하다고 할 때, 속도감 있는 경영과 조직을 일사불란하게 한 방향으로 움직이도록 하는 힘이 중요한 것이다.

필자는 두 회사 모두에서 근무해본 사람으로 "삼성과 소니 중 누가 승자가 될 것이냐"라는 질문을 지금도 가끔 받게 된다. 이제 대학에서 경영을 연구하고 가르치는 사람으로서 "누가 이기느냐를 궁금해하지 말고, 어떤 문화를 가진 조직이 경쟁력이 있느냐에 관심을 가지라"는 이야기로 답을 대신한다. 성과를 만드는 것은 조직의 역량이고, 조직의 역량은 조직의 결집력에 의해 결정된다. 그렇기에 '전체가 하나가 되는 조직문화'가 매우 중요한데도, 소니가 '하나의 팀'으로서의 조직 결속력이 너무 부족하다는 것을 필자는 언제나 아쉽게 생각해왔다.

이런 면에서 소니 신임사장이 제시한 '전 직원의 일체감', 즉 '하나의 소니'로의 조직문화를 만들려는 시도는 그동안의 취약점을 감안하면 매우 의미 있는 선택이라고 생각한다. 한편 삼성도 최근 경제위기의 해법으로 '기본으로 돌아가자'는 전략을 제시하고 있다. 이 역시 시의적절한 것으로 보인다. 삼성이 뛰어난 경영성과를 올리며 구성원들의 자신감이 지나치게 높아져 혹시라도 자만하는 부분은 없는지, 강력한 리더십과 스피드경영이 성공요인이었지만 혹시라도 군대식 속도전의 그림자는 없는지, 신新경영의 초심으로 돌아가 업계에서의 바뀐 위상에 걸맞게 조직문화를 다시 추스를 때이다. 두 회사의 경쟁구도 변화에 따른 앞으로의 조직문화 혁신경쟁이 더욱 기대된다.

이기는 조직문화를 만드는
세 가지 방법

기업의 성과는 조직문화와 깊이 연결돼 있다. 강한 조직문화를 가진 기업은 어떤 의사결정이 일어나더라도 그 목적을 향해 조직의 전 역량을 결집할 수 있다. 즉 이기는 조직문화를 가진 기업이 시장에서도 이길 수 있다. 그렇다면 강한 결속력으로 경쟁에서 이기는 조직문화를 만들기 위해서는 무엇을 해야 할까.

저비용 소통으로 공감을 끌어내라

조직에서 구성원의 공감대는 실행의 속도를 높이는 데 결정적인 역할을 한다. 문제는 어느 기업이 적은 비용으로 빠르게 공감대를 이끌어낼 수 있느냐에 달려 있다. 이때 과거의 성공방식이나 관행은 분명히 변화의 걸림돌이다. 시장의 피드백을 간과하면 조직은 시장에서 고립된다. 반면 관행을 타파하는 조직문화, 시장에 개방된 조직문화는 경영의 속도를 높여주고 비용을 낮춰준다. 이제 경영의 속도를 높이고 싶다면 눈에 보이지 않는 조직문화에 더 큰 관심을 둬야 한다.

과거는 잊고 현재에 충실하라

가진 것이 많으면, 잃을 것이 많고 속도가 느려진다. 과거의 성공이 조직문화로 고착되면 새로운 것을 받아들이기 어렵고, 조그마한 변화에도 저항하기 쉽다. 지금까지 통했던 성공방식이 앞으로의 성공방식이 아닐 수도 있다. 삼성과 소니, 두 회사의 실적에서 극명한 차이를 보이는 TV의 경우, 트리니트론TV로 세계를 호령하던 소니는 벽걸이TV로의 전환이 어려울 수밖에 없었다. 반면 기존 방식으로는 이길 수 없었던 후발주자(삼성)에게 새로운 방식(벽걸이TV)에서의 경쟁은 유일한 선택이었다.

자만은 발목을 잡는다

"소니 직원들은 시장의 목소리를 너무 듣지 않아. 자기들만이 모든 것을 알고 있고 항상 최고라고 생각해. 소니와 똑같이 만들 필요도 없다. 소니보다 부족해도 우리(시장)의 목소리를 들어주고 함께 가려는 회사가 있다면 밀어주겠다."

이 말은 삼성에서 근무하던 시절, 소니를 극복하기 위해 조언을 구하러 다닐 때 업계의 오피니언리더들로부터 들은 이야기다. 뒤의 '승자의 덫' 편에서 좀더 자세히 이야기하겠지만, 당시 소니는 1등이라는 자만에 빠져 시장의 소리를 외면하고 있었고, 이것이 추후 소니의 발목을 잡았다. 하지만 이는 소니에게만 해당하는 이야기가 아니다. 모든 1등 기업에 대한 시장의 마음이다. 성과가 좋을 때 자만하지 않고 시장과 고객의 소리를 경청하는 자세야말로 경쟁에서 살아남을 수 있는 중요한 조직문화다.

이익을 짧게 볼 것인가, 길게 볼 것인가

상생경영

신입사원 시절 수출부서에서 일하던 필자는 해외 바이어들에게 한 푼이라도 더 비싸게 받고, 한 대라도 더 많이 팔기 위해 노력하는 것이 최선을 다하는 것이라 믿었다. 당시는 세계시장에서 우리 제품의 지명도가 낮고 수출실적도 부진했기 때문에, 무조건 싸게 사려고만 덤비는 바이어들이 대부분이었다. 그런 와중에 제품의 가치를 인정받으며 조금이라도 더 높은 가격을 받고 수출하는 것은 수출부서에서 일하는 모든 직원의 로망이었다.

그러던 어느 날, 필자는 드디어 꿈에도 그리던 바이어를 만나게 됐다. 그 거래처는 중동국가의 돈 많은 왕족이 경영하는 회사였다. 그들은 전자제품 유통사업을 하고 싶어했지만 웬만한 브랜드의 전자업체들은 이미 자국에 대리점을 두고 있었다. 그래서 그 나라에 진출하지 않은 삼성전자를 제 발로 찾아온 것이었다. 전자제품 시장을 잘 모르는 것인지, 그 나라 시장에서의 독점적인 판매권을 받기 위해서인지 제품가격은 전혀 문제삼지 않았다. 그야말로 '부르는 게 값'이었다. 필자는 그동안 가격을 후려치려고만 드는 바이어들의 속성을 생각해 일부러 조금 높은 가격을 불렀는데 그들은 아무런 이의도 표하지 않고 한마디만 했다.

"땡큐!"

더 많이 사달라고 요구해도 "땡큐!", 재고상품을 팔 수 있을까 해서 그것을 보여줘도 "땡큐"였다. 그들은 협상도 하지 않고 웬만하면 좋다며 요구사항을 전부 받아들였다. 필자는 수출업무 시작 이후 '최단 기간에 최대 수주'라는 상담결과를 의기양양하게 회사에 보고했다. 그러나 잘했다는 칭찬은커녕 상사로부터 호된 질책이 날아들었다.

"이명우씨, 이번에 '눈먼 바이어'를 만났군요. 그런 사람들은 시장도 모르고 제품도 모르는 문외한으로, 대리점 따는 데만 관심 있는 사람들이에요. 아무것도 모르는 사람들에게 이런 높은 가격에 이렇게 많은 물량을 한꺼번에 파는 것은, 우리 스스로 독배를 마시는 것이나 다름없습니다. 그 바이어는 십중팔구 첫 물량을 가져간 뒤 망해버릴 거예요. 그렇지 않으면 우리 제품의 경쟁력이 없다며 가격을 깎아달라거나 돈으로 보상해달라고 요구할 겁니다. 새로운 시장에서 이런 일이 벌어지면 회복하는 데 많은 시간과 노력이 든다는 생각은 못 해봤나요?"

상사는 유사한 선례를 설명해주며 다시 상담할 것을 지시했다. 그때 새로운 사실을 깨달았다. '무조건 가격을 높게, 하나라도 더 많이 파는 것만이 수출업무의 최선은 아니구나.' 그날의 배움은 그후 필자의 직장생활은 물론 대인관계에도 많은 영향을 줬다.

절차의 공정성이 없으면
상생경영도 없다

우리는 흔히 다양한 형태로 거래를 맺는 업체들을 이익을 얻을 대상으로 여기지만, 오직 이익만을 추구하는 관계는 결코 오래갈 수 없다. 자동차산업 전문가 존 고스만John Gossman은 "21세기 자동차시장은 완성차업체 대 완성차업체의 경쟁이 아니라, 이들이 가지고 있는 공급망 대 공급망의 경쟁이 된다"고 주장했다. 그의 말을 풀이해보자면, 자동차 조립업체와 하청업체가 상호신뢰를 바탕으로 윈윈win-win하는 관계냐, 아니면 한쪽으로 힘의 무게가 쏠리는 관계냐에 따라 경쟁력에 차이가 난다는 것이다. 이른바 '상생경영'의 중요성을 강조한 것이다.

상생경영을 통해 성공을 거둔 대표적인 사례로 토요타를 꼽을 수 있다.[24] 토요타는 자동차의 개발부터 부품업체들과 협력한다. 단순히 모든 업무를 지시하거나 하청을 주는 시스템이 아니다. 제품의 콘셉트를 결정하는 초기 아이디어 단계부터 외부업체들의 의견을 듣고 이를 적극적으로 반영한다. 그들을 '함께'하는 대상으로 인식한 까닭이다. 이러한 협력을 통해 토요타는 연평균 1000억 엔 이상의 원가를 절감했고, 협력사들과 1500여 건에 달하는 공동특허를 갖고 있다.

일반 거래관계에서 서로 신뢰를 쌓고 오랜 관계를 유지하기 위해서는 상대적으로 정보를 더 갖고 있거나 힘이 더 센 쪽에서 상대적으로 약한 쪽을 공정하게 대우해야 한다. 필자의 경우, 시장정보도 별로 없으면서 우리의 현지 대리점이 되겠다고 온 눈먼 바이어들을 좀더 공정하게 대우해줬어야 했다. 왜냐하면 우리는 그들보다 시장에 대해 훨씬 많은 정보를 갖고 있었고 대리점 선정에 대한 의사결정권을 쥐고 있었기 때문이다.

그런데 여기에는 두 가지 문제가 있다. 하나는 이 거래에서 누가 이익을 더 많이 갖느냐는 이익 분배의 문제인 '분배의 공정성distributive justice'이고, 또다른 하나는 어떤 과정을 거쳐 이런 거래조건에 도달할 것인가의 문제인 '절차의 공정성procedural justice'이다. 분배의 공정성이 서로 나눠가지는 성과물에 대한 정의를 실현하는 것이라면, 절차의 공정성은 프로세스에서의 정의를 실현하는 것이다.

런던 경영대학원의 니르말야 쿠마르 교수는 그의 논문 「제조-유통업체 관계에서 신뢰의 힘」에서 "분배의 공정성은 새로운 관계를 만드는 데 효력을 발휘하지만, 절차의 공정성은 관계를 지속적으로 유지하는 데 큰 힘을 발휘한다"고 설명한다.[25] 특히 그는 "절차의 공정성이 매우 중요하다"고 역설한다. 제조업체 입장에서 분배의 공정성을 확보하겠다며 거래업체에 대해 경쟁사보다 높은 마진을 보장하게 되는 경우도 있는데, 이런 관계를 지속하면 비용이 많이 들 뿐 아니라 경쟁사에 의해 쉽게 모방될 가능성이 크다는 것이다. 반면 절차적으로 공정한 시스템은 구축하기가 쉽지 않지만, 한번 구축하면 경쟁사가 쉽게 모방할 수 없는 지속적인 경쟁우위를 가질 수 있다고 한다.

눈먼 바이어에게 시장가격보다 높은 가격을 받으면 그 거래는 지속될 수 없다. 반면에 낮은 가격을 받아 거래처에게 경쟁사보다 높은 이익을 보장해주는 것은, 돈을 주고 거래처와의 관계를 사는 것과 다름없다. 이것이 분배의 공정성이다.

하지만 지속 가능한 관계를 만들려면 주어진 파이를 어떻게 나눌 것인지보다는 양 당사자 간에 어떤 과정을 거쳐 최적의 접점을 찾을 것인지가 더 중요하다. 가격을 결정할 때 먼저 어느 수준의 소비자 가격이면 경쟁력이 있을지를 합의한 다음에 유통회사들의 적정 이익, 비용구조 등을 감안해 출고(수출)가격을 정하는 '세일즈 마이너스sales minus 방식'은 이런 절차의 공정성을 확보하는 좋은 예이다.

서로가 모르는 부문의 정보도 공유하고 소통하면서 가격을 결정할 수 있도록 노력해야 한다. 그러다보면 바람직한 의사결정을 할 수 있을 뿐 아니라, 서로가 신뢰를 쌓을 수 있다. 물론 이렇게 정한 가격도 급격한 환경 변화로 시장에서 통하지 않게 될 수도 있다. 그러나 공정한 절차를 거쳐 가격과 거래조건이 결정된 경우라면, 어떠한 변화에도 신속하게 대응할 수 있는 능력이 생긴다. 절차의 공정성을 지키면서 생긴 상호신뢰는 훨씬 유연하게 시장의 변화에 대처할 수 있게 만들기 때문에, 경쟁사가 쉽게 모방할 수 없는 지속 가능한 발전을 이뤄낼 것이다. 즉 상생경영은 지속가능경영을 위한 토대인 셈이다.

절차의 공정성을 확보하는 두 가지 방법

절차의 공정성은 상대적으로 협상력의 차이가 큰 이해 당사자들 간의 관계에서 더욱 중요하다. 이는 요즘 우리 사회의 화두가 되고 있는 '동반성장'을 이루는 데도 가장 중요한 요소가 아닐까 생각한다. 절차적으로 공정한 시스템을 확보하기 위해서는 두 가지가 필요하다.

갑과 을의 구도를 깨면, 신뢰가 싹튼다

상생경영을 위해서는, 상대적으로 강한 쪽이 약한 상대방을 존중하는 마음으로 대해야 한다. 좋은 관계를 유지하기 위해서는 당사자 간의 신뢰가 가장 중요한데, 그 신뢰를 쌓기 위해서는 강자의 배려가 필요하다. 동반성장을 위한 첫걸음은 대기업과 협력사가 갑과 을의 관계가 아니라, 동등한 파트너라는 인식의 대전환이다.

유통 파트너와 절차적 공정성을 담보할 수 있는 여섯 가지 원칙[26]

1. 양방향 소통bilateral communication

유통 파트너들과 양방향 소통을 하려는 제조업체의 의지가 필요하다. 강한 쪽이 약한 쪽의 이야기에 귀를 기울이지 않을 가능성이 크다. 신뢰를 구축하려는 기업은 유통 파트너들로부터 조언을 듣는 것을 관행으로 한다. 미국 맥주회사 앤호이저부시Anheuser-Busch의 회장은 적어도 1년에 네 번 정도, 열다섯 명으로 구성된 도매상위원회 회원들을 만나서 그들의 제안이나 불평사항을 경청한다.

2. 공평성impartiality

모든 유통 파트너에게 동일한 유통정책을 적용하는 것을 의미한다. 모든 유통 파트너가 동일한 대우를 받을 수는 없겠지만, 그들에게 공평한 기회를 줄 수는 있다.

3. 반박 가능성refutability

반박 가능성이란, 상대적으로 힘이 약한 유통 파트너가 상대적으로 힘이 강한 유통 파트너의 정책이나 의사결정에 이의를 제기할 수 있는 가능성을 뜻한다. 캐터필러Caterpillar 같은 제조업체들은 딜러들이 불만을 토로할 수 있도록 딜러자문회의를 설치했다.

경영은 'What'에서 시작된다

4. 설명explanation

유통 파트너들에게 유통의 의사결정과 정책의 명백한 근거를 제공하는 것을 의미한다. 이는 보다 높은 수준의 투명성을 요구한다.

5. 친숙성familiarity

유통 파트너가 상대방의 사정에 대해 얼마나 이해하고 있는지를 의미한다. 막스앤스펜서Marks&Spencer는 새로운 제조업체와 관계를 맺기 전에 해당 제조공장을 수차례 방문해 바이어, 머천다이저, 디자이너 등과 함께 회의를 한다.

6. 공손함courtesy

존중하는 마음으로 상대방을 대우하는 것을 의미한다. 기업 간의 관계는 사람 간의 관계라고 할 수 있다. 이러한 사실을 이해하는 관리자는 고객들에게 직원을 배치할 때도 상대방을 배려한다. 페인트 제조업체인 셔윈윌리엄스Sherwin Williams는 유통업체 시어즈Sears를 담당할 셔윈윌리엄스 직원을 시어즈가 선택하도록 했다.

통신기업 KT는 상생경영의 좋은 사례 중 하나다.[27] 글로벌기업인 에릭슨Ericsson과 기술협약을 맺은 KT는, 2011년 역량은 있으나 중소기업이라는 한계로 해외 진출이 어려웠던 국내기업 두 곳이 에릭슨의 영업망을 통해 외국에서 새 활로를 모색할 수 있도록 도왔다. 또한 KT가 보유하고 있는 특허 약 1000건을 협력사들에게 무상으로 양도하겠다고 발표, 신선한 충격을 주기도 했다. 협력업체를 을이 아닌 동등한 파트너로 인식했기에 가능한 시도였다고 할 수 있다.

상대방과 공동운명체라는 인식을 공유하고 상호의존도를 높이는 것이 중요하다. 이를 위해서는 상대방의 사정과 현안을 잘 이해해야 하며, 공동의 가치와 비전을 갖는 게 필요하다. 예컨대 두 회사에 서로 도움이 되는 물류 시스템을 함께 투자해 개발하는 등 공동 투자를 확대하는 것도 서로의 의존도를 적절하게 유지하는 좋은 방안이 될 수 있다.

양방향 소통이 진정한 소통이다

거래 상대방에게 자신이 의사결정을 내리게 된 배경을 명백한 근거를 들어 설명하고, 반드시 상대방의 이야기를 경청해야 한다. 선진 회사 중에는 협력사의 제안이나 불만을 듣는 자문회의를 운영하는 곳이 많다. 3M이나 듀폰 같은 회사는 유통업자들이 회사의 정책이나 결정에 반박할 수 있도록 제도적 장치까지 마련해놓고 있다.

양방향 소통에서 특히 중요한 것은 상대적으로 우위에 있는 사람이 더 적게 말하고 많이 듣는 자세다. 이러한 소통의 자세에 있어, 파이저Pfizer의 제프 킨들러Jeff Kindler 회장은 좋은 본보기가 된다. 그는 조선일보 위클리비즈와의 인터뷰에서 경청형 리더로서의 면모를 내비친 바 있다. 잠시 그의 이야기를 들어보자.

"저는 매일 열 개의 1센트 동전을 왼쪽 바지 주머니에 넣고 집을 나섭니다. 한 명의 직원과 대화하고 그의 고민이나 이야기를 충분히 들어줬다는 생각이 들면, 왼쪽 주머니에 있던 동전 하나를 오른쪽 주머니로 옮기죠. 하루를 보낸 후 왼쪽에 있던 열 개의 동전이 모두 오른쪽 주머니로 옮겨가면 스스로에게 '100점'이라는 점수를 줍니다."[28]

그에게 열 개의 동전은 말하기보다 듣겠다는 약속의 징표인 셈이다. 진정한 소통에 있어 내 의사를 전하고 관철시키는 것도 중요하지만, 상대방의 의사를 제대로 알고 공감하는 것이 더욱 중요하다.

어떻게
원하는 것을 얻는가

상자 밖 협상

1981년이면 이제 30년이 지난 이야기다. 출장비 80달러는 그 당시 우리 소득으로 큰돈이었다. 그러나 혼자서 해외출장을 다니며 먹고 자기에는 빠듯한 돈이었다. 우리나라 국민소득이 6000~7000달러 이던 시절, 삼성도 아시아의 무명회사였던 때 필자는 거래처를 뚫기 위해 사우디아라비아로 출장을 간 적이 있다.

휴대전화도 없던 시절이라 투숙호텔은 우리의 연락처인 동시에 우리의 위상을 대변하는, 말하자면 지위상징status symbol 같은 것이었다. 그룹의 종합상사 지점에서 잡아준 호텔은 값도 싸고 거래처까지 걸어서 다닐 수 있는 현실적인 숙박처였다. 그러나 싸구려 호텔을 연락처로 해서는 목표 거래처의 사장을 만날 수가 없었다. 실용과 합리가 사회가치의 핵심인 서구에서는 덜하지만, 개발도상국이나 빈부차가 극심한 문화권일수록 이런 사회적 신분이나 위상을 중요하게 여겼다.

거래처 사장을 만나는 방법을 고심하던 필자는 제다의 최고 특급 호텔에 방을 잡았다. 그 호텔에서 텔렉스_{telex}를 보내고 전화번호를 남겼다. 호텔은 하루 숙박비가 120달러가 넘었다. 이틀의 체재비 전액에 버금가는 금액이었다. 신용카드도 없던 시절이고 보유한 현금으로 지내야 하는 상황이라 매일 그곳에 머물 수는 없었다. 하루는 특급호텔, 하루는 싸구려 호텔에서 머무는 것으로 버텨야 했다. 매일 잠자리를 바꾸는 일은 불편하기 짝이 없었지만, 거래처에게 삼성전자 이명우의 주소는 특급호텔이었고 그것은 헛되지 않았다. 열흘이 채 지나지 않아 당시 일본회사의 독점 거래처였던 목표 거래처의 사장을 만날 수 있었다. 그렇게 시작된 인연은 지금도 삼성전자의 제일 오래된 해외 파트너로 중동시장에 남아 있다. 필자 또한 그때의 거래 성사를 인정받아 입사 4년차에 제다지점장으로 발탁됐다.

그리고 제다 근무 3년 반을 마치고 돌아오던 날, 이제는 세상을 떠난 그 사장이 한마디 물었다. 삼성의 이병철 회장과 정말 인척이 아니냐는 질문이었다. 그는 수년 전 필자를 만난 후 줄곧 아마도 '로열 패밀리'일 것이라고 생각하고 있었다는 것이다. 필자의 성이 하필 'Lee'였던데다가 그렇게 젊은 직원이 제다 최고의 호텔에 머문 것, 그리고 그후 젊은 나이에 지점장으로 부임해서 일하는 모습에서 그렇게 생각했다고 했다.

자칫 무용담을 늘어놓는 것처럼 비칠 우려에도 불구하고 이 이야기를 꺼내놓는 까닭은, 관계경영에 있어 내가 상대하는 사람이 누구인지를 아는 것이 어떻게 실질적인 행동양식으로 이어질 수 있는지를 보여주는 사례이기 때문이다. 당시 필자는 거래처와 만나는 것이 최우선 과제였고, 그렇기에 거래처가 미팅 진행을 결정하는 데 있어 무엇을 중요시하는지를 고민했다. 그는 상대의 지위가 중요했다. 그가 만날 만한 사람인지, 그냥 돌려보내도 될 사람인지가 미팅 성사의 열쇠였던 것이다.

그것이 협상이든 거래든 미팅이든 원하는 것을 얻기 위한 첫번째 방법은, 상대가 어떤 사람인지를 파악하는 데서 시작한다.

류현진은 어떻게 다저스에서 4200만 달러를 받아냈을까

2012년 프로야구선수 류현진이 꿈에 그리던 메이저리그 진출에 성공했다.[29] 류현진은 입단 협상 마지막날인 12월 10일, LA다저스와 극적으로 타결을 이뤘다. 6년간 최대 4200만 달러라는 파격적인 조건이다. 그가 유리한 조건으로 계약을 성사시킬 수 있었던 배경에는 '슈퍼 에이전트' 스콧 보라스Scott Boras가 있었다. 그는 협상을 자신이 원하는 쪽으로 이끌기 위해 마지막날까지 '벼랑 끝 전술'을 펼치는 것으로 유명하다.

벼랑 끝 전술이란 핵과 미사일 문제를 둘러싼 북미 협상과정에서 북한이 취한 협상전술로, 협상을 막다른 상황으로 몰고 가 초강수를 두는 일종의 배수진을 뜻한다. 보라스는 다저스와 협상과정에서부터 줄다리기를 펼쳤다. 다저스의 단장이 "협상이 느리게 진척되고 있다. 이대로라면 계약이 안 될 수도 있다"고 겁을 주자, "류현진이 내년에 일본 프로야구에서 뛸 수도 있다"고 엄포를 놓으며 배수진을 친 것이다. 결국 그의 전술은 다시 한번 통했고, 보라스는 '악마의 에이전트'로서의 명성을 공고히했다.

사실 스포츠계보다 더 다양한 협상이 벌어지는 무대가 바로 비즈니스계다. 작게는 구성원과 조직 간의 연봉협상부터 크게는 기업 간의 인수합병까지, 대부분의 비즈니스가 협상을 통해 돌아간다. 하지만 이토록 중요한 협상을 잘해내기란 쉽지 않다. 테이블의 맞은편에 앉은 상대 역시 최대한 자신의 입장을 관철하고자 하기에, 결론을 내기까지 난항을 겪는 일이 많다. 그것이 한차례로 끝나는 협상이 아니라 지속되는 관계 속의 협상이라면 더욱 어렵기 마련이다. 협상이란 나와 상대가 각자 원하는 바를 내세우고, 이를 조율해 타결을 만들어내는 일이다. 그렇기에 관계경영과 협상은 일맥상통하는 영역이다. 두 가지 모두 상대가 어떤 사람인지를 아는 것이 중요하기 때문이다.

스콧 보라스의 협상을 지켜보면서 20여 년 전의 협상장면이 불과 얼마 전의 일처럼 떠올랐다.

"우리가 얼마나
더 살까요?"

　　　　　　　　　　　　독일에 있는 유명 브랜드의 전자회
사와 OEM(주문자 제조방식)으로 VTR을 거래하고 있었는데, 우리가
처음 선적한 신모델 일부에 품질 문제가 발생했다. 우리의 잘못이니
당연히 책임을 져야 했지만, 문제는 그들의 요구가 너무 과도하다는
데 있었다. 담당 바이어는 이 모델의 품질이 불안하니 문제가 된 선
적분뿐 아니라 그 모델의 유통재고 전부를 회수하고, 완전히 새로운
모델로 교체해달라고 요구했다. 그에 따르는 회수비용도 문제지만
완전히 새로운 모델로 바꿔달라는 것은 우리로서는 받아들일 수 없
는 요구였다.

　문제를 해결하러 급히 독일로 출장을 갔지만 해결은 쉽지 않아 보
였다. 우리는 불량이 생긴 선적분에 한해 전수검사를 하고 불량품은
현지에 기술자를 파견해 수리해주겠다고 제안했지만, 바이어는 자
기들의 당초 요구를 밀어붙이기만 하는 바람에 협상은 3일 동안 한
치의 진전도 없었다. 4일째 되던 날, 아침부터 열을 올리며 똑같은
입장을 고수하는 바이어에게 필자가 당돌하게 물었다.

　"실례되는 질문입니다만…… 우리가 앞으로 얼마나 더 살 것 같습
니까?"

　클레임을 해결하러 온 친구가 뜬금없는 이야기를 꺼내니, 상대는
약간 황당해하는 것 같았다. 그러나 그는 몇 년간 만나면서 나름 필

자를 알고 있다고 생각했는지 언짢은 표정을 숨기며 필자의 숨은 의도를 찾았다.

"나요? 글쎄, 한 30년 정도는 살겠지요. 그런데 왜요?"

당시 그는 50대 초반이었는데 평균수명을 80세 정도로 잡아 계산했던 모양이다.

"네, 날짜로는 얼마나 될까요?"

그가 다시 열심히 계산을 하더니 말을 꺼냈다.

"한 만 일 정도……"

"그렇겠네요. 30년을 날짜로 계산하면 한 만 일 정도겠지요. 그런데 그 만 일 중에서 우리가 일할 수 있는 날은 며칠 안 됩니다. 한 5000일이나 될까요? 은퇴를 빨리하면 3000일이 될 수도 있고요."

"흠, 그렇네요."

"저는 조금 젊으니까 며칠 더 남아 있을지 모르지만 날짜로 보면 정말 얼마 안 됩니다. 그런데 남아 있는 3000일 중에 무려 3일을 아무것도 하지 않고 흘려보냈어요. 우리 모두에게 무척 아까운 일이라 생각합니다. 서로가 조금만 양보하면, 우리 인생에 다시 오지 않을 날들을 이렇게 무의미하게 흘려보내지는 않을 수 있었을 텐데 말입니다."

그는 순간 허를 찔린 듯한 표정으로, 멍하니 앉아 있었다. 그때 필자가 질문을 이어갔다.

"이 클레임은 어떻게 하든 결론이 나겠지요. 그런데 앞으로 우리의 관계를 어떻게 하려고 생각하세요?"

발주한 물량만 구매하고 거래를 그만둘 것인지 아니면 계속할 것인지, 앞으로 6개월 또는 1년 후에 우리 두 회사의 관계를 어떤 모습으로 생각하고 있는지를 물어본 것이다. 이 질문은 이번 협상결과에 목숨을 걸 것이 아니라, 이 협상도 우리의 전체적인 관계 속에서 봐야 하지 않겠냐는 뜻이었다. 즉답은 하지 않았지만 그의 자세가 조금 흔들리고 있는 것을 느꼈다.

잠시 윗사람과 의논을 하겠다고 나갔던 그가 잠시 후 비교적 밝은 모습으로 돌아오면서 4일째 평행선을 달리던 협상은 극적으로 타결됐다. 또다시 유사한 품질 문제가 발생하면 해당 모델 생산을 중단하고 새 모델로 바꿔주겠다는 조건을 붙여, 바이어의 입장을 살려주면서 우리의 원안대로 협상을 마무리했다.

골치 아프던 문제도 해결했지만 그런 협상과정을 거치면서 서로의 입장을 더욱 이해하게 된 것은 큰 수확이었다. 그 회사가 삼성과의 거래를 시작한 것이 그의 단독결정이었는데, 몇 번의 품질 문제로 회사 안에서 그의 입장이 무척 어렵게 되자 그렇게 밀어붙였다는 사실도 알게 됐다. 세상의 인연과 사람의 미래는 누구도 알 수 없다. 그런 관계가 발전해 몇 년 후 필자가 독일에 주재하게 됐을 때, 그는 회사를 은퇴한 뒤 삼성의 고문을 맡아 독일 전자업계와 삼성 간에 가교를 만드는 데 많은 역할을 했다.

당시 필자가 협상을 성공으로 이끌 수 있었던 것은 그가 어떤 사람인지를 나름 파악하고 있었기에 가능했다. 필자는 그가 이전에 한국을 방문했을 때 가진 저녁자리에서 우리 회사의 은퇴나이를 물었던 것을 기억하고 있었다. 그가 은퇴시기와 관련해서 많은 우려를 하고 있다고 짐작하고 있었기에, 그의 가슴에 가 닿을 화두를 던진 것이다. 이것이 일종의 관계경영이다.

더불어 첨예한 대립이 오가는 가운데, 뜬금없는 화두를 꺼냈던 것은 나름의 전략이기도 했다. 굳이 이름을 붙이자면 '상자 밖 협상'전략이 될 것이다. 대부분의 사람들이 협상 테이블에 앉으면 자신이 관철할 목표만 이야기한다. 각자의 입장만 내세우다보니 좀처럼 타협점을 찾기 어렵고 때론 감정이 격해지기도 한다.

그럴 때 테이블 밖의 이야기, 즉 협상 주제 외의 이야기를 꺼내면 의외로 쉽게 돌파구를 찾을 수도 있다. 다른 이야기를 하면서 차분히 감정을 정리할 수도 있고, 우리가 가장 중요하게 협의할 부분이 무엇인지에 대해서도 정리할 수 있다. 상호 간에 지속적인 관계가 요구되는 거래의 협상일수록 우리에게 정말 중요한 부분이 무엇인지, 그리고 협상 이후의 관계를 어떻게 가져가야 하는 것인지 등에 대해서도 생각할 수 있어야 한다. 창의성과 창조경영을 강조하면서 흔히 '상자 밖에서 생각하라'는 주문을 하는데, 협상에 있어서도 '상자 밖 생각'이 필요하다.

필자와 독일 바이어가 협상 테이블에서 논한 주제는 'VTR의 품질 하자'와 '보상'이었다. 하지만 테이블 밖에서 바라보면, 당장의 손실을 누가 책임지느냐 못지않게 우리가 얼마나 더 오래 함께 일할 수 있는지도 중요한 문제였다. 그렇기에 필자는 '앞으로 일할 수 있는 시간'이라는 전혀 다른 화두로, 궁극적인 우리의 지향점을 환기시키고 협상의 교착상태 해소를 시도한 것이다. 상자 밖 협상전략은 서로의 궁극적인 목표를 생각케 하는 전략이다.

일반적인 협상의 경우 대부분 실질적인 문제들을 중심으로 돌아가기에, 당장의 현안만을 생각하는 근시안적인 사고가 팽배하기 쉽다. 하지만 협상은 짧아도 비즈니스는 길다. 우리가 상대로부터 진정으로 얻어야 할 것이 무엇인지를 생각하는, 넓은 시야가 필요한 이유다.

상생하는
협상의 조건

앞서 말했듯 협상은 나와 상대가 각자 원하는 바를 내세우고, 이를 합리적으로 조율해 최선의 타결을 만들어내는 일이다. 협상서의 고전이 된 로저 피셔와 스콧 브라운의 공저 『함께 살아가기』에서는 "협상은 '강제coercion하는 것'이 아니고 '설득persuasion'해 '양측의 조화congruence'를 이뤄내는 것"이라고 강조한다.[30] 양측의 조화를 이루며 각자의 생각을 관철시키는 것이 중요하다는 뜻이다. 즉 협상에 임할 때는 어떻게 상대와 합리적인 절충안을 찾고, 마지막에 웃으며 악수할 수 있을 것인지에 대한 고민이 필요하다.

앞서 스콧 보라스의 벼랑 끝 전술을 소개했지만, 사실상 바람직한 협상전략이라고 하기는 어려운 감이 있다. 설사 계약에는 성공해도 구단 측에서는 불만을 품을 수 있는 여지가 많기 때문이다. 한 번으로 끝나는 협상에서는 많은 것을 얻을 수 있을지 모르지만, 시간을 두고 협상이 반복되는 경우에는 바람직한 전략이 될 수 없다. 보라스를 '악마의 에이전트'라 부르는 데는 벼랑 끝 전술의 부정적 의미가 내포돼 있지 않을까. 그렇다면 서로의 관계를 오래 유지하면서 내가 원하는 것을 관철시키는 협상은 어떻게 가능할까.

배트나를 이용하라

배트나BATNA란, 'Best Alternative to Negotiated Agreement'의 줄임말로 협상에 대한 최선의 대안을 뜻한다. 좀더 풀이하자면 협상이 결렬됐을 때 대신 취할 수 있는 대안이라고 할 수 있다.

우리가 타지로 출장을 갔는데, 비행기에 부친 옷가방이 도착하지 않아서 급하게 셔츠를 사야 할 일이 생겼다고 해보자. 낯선 곳에서는 길을 모르니 숙소 인근의 가게를 찾게 된다. 만약 근처에 옷가게가 한 곳뿐이라면 고객의 협상력은 약해질 수밖에 없다. 주인이 가격을 깎아주지 않아도 마음에 드는 디자인이 없어도, 다른 선택지가 없기에 울며 겨자 먹기로 그곳에서 구매해야 하는 것이다. 하지만 옷가게가 여러 곳이라면 당연히 주인보다 고객의 협상력이 강해진다. 이때 다른 가게들이 바로 고객의 배트나인 셈이다.

배트나를 이용하라는 것은, 협상에서 반드시 관철시켜야 할 목표와 양보해도 좋을 목표를 구분하라는 뜻이기도 하다. 배트나를 미리 생각하고 협상에 임하면, 협상에서 오가는 내용들이 우리의 대안보다 나쁜지, 나은지에 대한 신속한 판단이 가능하다.

상대의 머릿속에 들어가라

협상 주제에 대한 분석만큼 중요한 것이 협상대상에 대한 공부다. 동양의 고전에는 '상대를 알아야 한다'는 구절이 많다. 그가 어떤 성격을 갖고 있고, 무엇을 중요시하는 사람인지 등을 알면 협상을 좀 더 유리하게 끌고갈 수 있다.

스튜어트 다이아몬드 와튼스쿨 교수도 저서 『어떻게 원하는 것을 얻는가』에서 "협상에 대한 정보를 많이 알면 알수록 그것을 활용해 더 많은 기회를 얻거나, 우리에게 닥칠 수 있는 위험을 최소화할 수 있다"라고 조언한다.[31] 협상정보의 하나로 그가 추천하는 것은 상대의 머릿속 그림인데, 이는 협상대상을 공부하라는 주문과 일맥상통하는 부분이다. 즉 상대가 어떤 식으로 약속을 하는지, 그가 어떤 부분에서 신뢰를 느끼는지를 조사하고 추측하는 수준을 넘어, 그의 머릿속으로 들어가 이해해야 한다. 이렇게 상대를 분석하고 그의 입장에서 생각하면, 강압적인 수단을 쓰지 않고도 상대가 자발적으로 손을 내밀도록 만들 수 있다.

협상 다음을 생각하라

일회성 협상의 경우에도 협상 당사자의 평판reputation을 관리해야 하지만, 반복되는 일상에서의 협상은 그것이 개인 간의 협상이건 기업 간의 협상이건 각각의 협상결과가 향후 관계에 어떤 영향을 미칠지 고려해야 한다. 앞서 인용한 협상서『함께 살아가기』에서는 '관계형성relationship building'을 협상결과와 함께 협상의 중요 부분으로 강조하고 있다.[32] 다시 말해, 협상에서 얻어야 할 목표뿐 아니라 협상대상과의 지속적이고 우호적인 관계 형성도 중요하게 고려해야 한다는 뜻이다.

당신은 상자 밖에서 생각하고 있는가?

경계를 벗어난 발상은,
협상에서도 주효한 전략이다.

2부

적의 칼로 싸워라

: 어떻게 경영할 것인가

3장
생각경영

창조경영이 경영의 화두로 떠오른 지 오래지만, 여전히 많은 조직이
쉽게 실현되지 않는 창조와 창의를 갈구하고 있다. 어떻게 경영할 것인가를
고민할 때, 가장 먼저 '생각경영'을 거론하게 되는 이유다.
생각을 바꾸지 않고는 세상은커녕 조직, 개인도 바꿀 수 없다.
이 장에서는 생각경영을 토대로 창조경영의 구체적인 방법론을 살펴볼 것이다.
새로운 비즈니스를 창출하는 힘은 '연결'에서 나오며, 새로운 제품과
서비스는 '관찰'에서 나온다. 그리고 더 나은 제품과 서비스는 '약점'을
어떻게 다루느냐에 달려 있다.

'있던 것'+'있던 것'=
'없던 것'!

연결의 힘

필자가 미국에서 전자제품 영업을 하고 있을 때의 이야기다. 야심차게 도입한 신모델 TV가 잘 팔리고 있었지만, 팔고 있던 기존 모델들의 매출이 급격히 떨어져 예상치 못한 재고가 생겼다. 빠르게 변하는 시장에 대응하기 위해 서둘러 자사의 새로운 모델을 내놓거나, 다른 회사에서 더 경쟁력 있는 제품을 출시하면 잘 팔리던 제품도 판매가 어려워진다. 이렇게 생긴 재고를 처분하려면 신모델과 적절한 가격 차를 둬서 깎아줘야 하는데, 유통업체에서 요구하는 가격조건을 만족시키려면 한꺼번에 큰 손실이 발생할 수 있다.

고심하던 차에 고민을 해결해줄 수 있다는 기업을 한 곳 소개받게 됐다. 액티브 인터내셔널Active International이라는 회사로 기업 간의 '물

103
어떻게 경영할 것인가

물교환 거래corporate trading'를 전문으로 하는 회사였다. 이 회사는 우리 회사로부터 악성재고를 기존 정상가격으로 구매하되, 현금으로 지불하는 게 아니라 이에 상응하는 금액의 '크레디트(향후 현금 대신 사용할 수 있는 권리)'를 주겠다고 했다. 그리고 우리가 앞으로 광고할 때 광고비 대신 이 크레디트를 사용할 수 있도록 해준다는 것이다. 악성재고를 정상가로 판매하는 것이기 때문에 재고자산의 평가손실을 피할 수 있을 뿐 아니라, 어차피 광고를 해야 하는 입장에서 이 크레디트를 광고비로 쓸 수 있다는 것이므로 구미가 당기는 조건임에 분명했다.

그럼 액티브 인터내셔널은 무엇으로 돈을 벌까. 사들인 전자제품은 할인가격에 팔아야 하니 손해를 볼 수도 있다. 하지만 이 회사는 또다른 물물교환 거래를 통해 수지를 맞춘다. 신문사나 방송사 같은 미디어회사와 접촉해 광고를 싸게 구매해서 우리에게 준다는 것이다. 미디어회사로서는 비어 있는 광고시간이나 지면을 싸게나마 팔 수 있다면 수입이 생기므로 마다하지 않는다. 그야말로 모두가 이기는 상생거래가 아닌가.

하지만 그때는 실제 거래까지 이어지지는 못했다. 당시 미국시장에서 유통채널 구축과 브랜드 위상 제고를 최고 가치로 여기던 삼성에게는, 우리 손을 떠난 재고가 누구에게 어떻게 팔릴지에 대한 확신이 부족했기 때문이다.

평면TV가 호텔 숙박권으로
바뀐 사연

비록 거래가 성사되진 못했지만, 그 뒤 액티브가 고객을 개발하고 새로운 비즈니스 모델을 만들어가는 모습은 괄목할 만했다. 액티브는 호텔의 빈방도 팔아주고, 항공사의 빈 좌석이나 자동차회사의 남는 차를 팔아주는 등 재고 때문에 문제가 있는 업체라면 가리지 않고 고객을 확장했다.

예를 들어 이 회사는 초박형 평면TV의 신제품 기술경쟁으로 악성재고가 될 뻔했던 한 전자회사의 평면TV 재고를 말끔하게 해결해줬다. 어느 호텔이 리노베이션하는 것을 알고는 그 전자회사의 재고 TV를 연결해준 것이다. 호텔에 투숙한 고객들은 화질만 좋으면 만족하지 다른 최신기능에는 그다지 민감하지 않으므로 최신모델이 필요한 것은 아니다. 한편 전자회사는 기존 유통업체에 판매하면 상당한 할인을 감수해야 할 철 지난 모델을 제값을 받고 파는 대신에, 대금 절반은 현금, 나머지 절반은 호텔 숙박권으로 받았다. 호텔 입장에서는 품질 좋은 TV를 구매하고, 대금 절반은 어차피 팔지 못하면 사라질 빈방으로 지불할 수 있으니 양쪽 모두 이익이다. 액티브는 또 전자회사가 호텔에서 받은 숙박권을 다시 여행사로 연결해줘 또다른 거래의 촉매 역할을 했다. 이렇게 이 거래를 성사시킨 액티브는 물론 전자회사, 호텔, 여행사 등 참여자 모두가 이 거래의 혜택을 입었다.

한 국내 자동차회사가 신모델 도입으로 미국시장에서 뜻하지 않게 재고가 늘어나자, 액티브는 위와 비슷한 방법으로 렌터카업체와 연결해줬다.[33] 렌터카 고객은 원하는 크기의 자동차를 좋은 가격으로 빌리기만 하면 만족한다. 따라서 자동차회사로서는 색상이 안 맞아서 발생한 재고나 한철 지난 구모델을 처리하기에 렌터카업체가 좋은 고객이다. 이 자동차회사는 재고 자동차를 팔되 정상판매가의 절반만 현금으로 받고, 나머지 절반은 렌터카 이용권으로 받았다. 렌터카업체 역시 품질 좋은 자동차를 구매하면서 렌터카 이용권도 판매하게 되는 일석이조 효과를 거두게 됐다. 물론 이 렌터카 이용권 역시 액티브의 주선으로 여행사를 통해 거래됐다.

이렇게 자동차회사가 렌터카업체, 그리고 여행사와 물물교환을 하게 될 것이라고 이전에 누가 상상이나 했을까. 액티브처럼 서로 필요한 기업을 찾아서 연결해주며 그 속에서 수익을 창출하는 기업을 MIT 경영대학원의 리처드 슈말렌지 교수는 '촉매기업'이라고 불렀는데,[34] 액티브의 이런 모습을 보면 촉매기업 중의 촉매기업, 또는 초Hyper촉매기업이라고 불러야 하지 않을까. 과거에는 많은 업체들이 재무적 관점에서만 재고 처분을 생각했지만 이제는 유통질서와 브랜드에의 파급효과를 같이 생각하는 시대가 됐다. 고객의 요구가 그만큼 까다로워진 것이다. 액티브는 이러한 환경 변화를 감지하고, 기존 고객의 우려를 불식시키기 위해 새로운 고객을 발굴하고 그 거래처들을 네트워크로 묶어내며 새로운 변신에 성공했다.

지금도 액티브는 진화를 거듭하고 있다. 이제는 가치사슬의 일부도 직접 담당한다. 여행사를 세워서 물물교환에서 생긴 숙박권, 항공권, 렌터카 이용권을 직접 기존의 고객사에 팔기도 하고, 제품 재고들을 효율적으로 처리하기 위한 물류회사에도 진출하고 있다. 이렇듯 별 연관이 없을 것 같은 다양한 니즈의 고객들까지 연결시켜 기존에 존재하지 않던 새로운 비즈니스 모델을 만들어내는 모습에서 촉매기업의 무한한 가능성을 보게 된다.

대부분의 사람들이 새로운 기회, 새로운 시장, 새로운 비즈니스 모델을 찾기 위해 분투한다. 하지만 새로움은 새로운 곳에 없다. 새로운 기회를 찾기 위해서는 세상에 없는 것에 대한 관심이 아니라 세상에 있는 것에 대한 고민이 필요하다.

촉매기업을 효과적으로
구축하는 방법

요즘은 플랫폼에 대한 독특한 아이디어만 있으면 큰 자본 없이도 쉽게 시작할 수 있는 촉매기업 창업이 활발하다. 심지어 주택 건설업체의 수익모델도 진화하고 있다. 대단위 주택단지를 지으면서 학교, 상가 등의 편의시설을 동시에 유치하는 건설회사를 보자. 그들은 학교와 편의시설에는 무상이나 헐값에 부지를 제공해서 주거단지의 매력도를 높이고 입주민들을 대상으로 하는 상권을 형성한 다음, 상가를 높은 값에 분양해 수익구조를 만들고 있다.

이처럼 촉매기업의 발전은, 새로운 비즈니스 모델의 출현을 만들어내고 있는데 새로운 기회를 찾는 사람들에게 좋은 본보기가 된다. 그렇다면 어떻게 촉매기업을 효과적으로 구축할 수 있을까.

첫째, 서로를 필요로 하는 집단을 찾아내야 한다. 관련 산업의 시장과 기술의 변화를 꿰뚫고 있어야, 누가 누구를 필요로 하고 왜 그런지를 알아낼 수 있다. 이런 기술과 시장의 변화 속에서 기존 고객들의 '3불不', 즉 불만, 불편, 불만족을 이해하면 액티브처럼 더 큰 네트워크를 만들어 기존의 비즈니스 모델을 진화시킬 수 있다.

둘째, 끊임없이 양쪽 고객의 욕구와 힘의 균형을 파악해야 한다. 누가 더 필요로 하고, 이유가 무엇인지에 대한 통찰이 필요하다. 촉매기업은 양쪽의 고객과 일을 하지만, 이런 힘의 논리를 기반으로 비용이나 수수료를 다르게 부과한다. 즉 어느 쪽이 더 절실한가가 가격 부과의 기준이 된다. 그러나 부과하는 금액에 관계없이 양쪽의 고객을 모두 만족시킬 수 있는 균형이 중요하다.

셋째, 두 집단 사이의 거래비용은 최대한 줄이되 집단 간 원활한 상호작용과 품질수준을 확보해야 한다. OS 플랫폼은 사용자와 프로그램 개발자, 하드웨어 개발자들을 연결해 양쪽 집단이 좀더 효율적으로 일할 수 있도록 도와준다. 이때 유의해야 할 점은 참여한 고객 모두가 상생할 수 있도록 플랫폼의 품질수준을 관리해야 한다는 것이다. 1980년대 미국 가정용 게임기의 절대강자였던 아타리Atari가

외부 게임 소프트웨어 제작사들의 수준을 관리하지 못한 끝에 소비자로부터 외면당한 것은 큰 교훈이 아닐 수 없다.

새로움을 만드는
연결의 힘

1994년 헤지펀드기업인 DE쇼DE Shaw 에서 일하고 있던 제프 베조스Jeff Bezos는 놀라운 사실을 깨닫고 흥분에 휩싸였다.[35] 회사의 자료를 검토하던 중 인터넷 사용자 수가 불과 1년 만에 2300퍼센트나 증가했다는 사실을 알게 된 것이다. 그때부터 베조스의 고민이 시작됐다. 인터넷이 사람들의 일상에 깊이 침투했다면, 물건을 구매하는 행위 역시 온라인에서 이뤄지는 것이 아주 일반적인 일이 될 것이라 확신했기 때문이다. 그렇다면 이 새로운 플랫폼에서 무엇을 팔아야 할 것인가.

베조스의 선택은 책이었다. 미국은 대형서점이 대부분 번화가에 있기 때문에 다양한 책을 만나기 위해서는 먼 거리를 이동해야 했다. 그런데 직접 움직이지 않고도 몇 번의 클릭만으로 원하는 책을 받아볼 수 있다면? 그것은 소비자에게 분명 매력적인 일일 터였다. 세계 최대의 온라인서점 아마존은 그렇게 탄생했다.

아마존의 탄생 에피소드가 새로운 비즈니스 창출에 있어 주는 중요한 시사점은, 그것이 원래 있던 것들을 '연결'하는 데서 탄생했다는 것이다. 액티브 인터내셔널이 원래 있던 제품과 그것을 필요로 하는 사람을 연결하면서 새로운 비즈니스 모델을 구축했다면, 아마존은 원래 있던 제품(책)과 원래 있던 플랫폼(인터넷)을 연결해 새로운 비즈니스를 창출했다. 새로움을 만드는 주요 키워드가 연결인 이유다.

새로움의 선순환, 리앤펑의 '느슨한 연계'

연결을 통해 새로운 비즈니스를 창출함에 있어 리앤펑Li&Fung은 가장 좋은 사례 중 하나다. 이 회사는 단 하나의 공장도 소유하고 있지 않다. 오히려 회사 초기에 가지고 있던 자사의 공장을 협력회사와의 사이에서 생길지 모르는 문제를 걱정해 미리 없앤 것으로 유명하다. 그런데도 매년 20억 벌 이상의 의류를 생산하고 있다. 과연 이것이 어떻게 가능할까.

리앤펑은 모든 것을 협력회사를 통해 해결한다.[36] 예를 들어 하나의 옷을 만들기 위해 직물과 염색은 중국에 있는 공장에 의뢰하고, 지퍼 생산은 일본에 있는 공장에 맡기는 식이다. 그렇게 만들어진 완제품을 주문한 회사에 납품하면 리앤펑의 역할은 끝이 난다. 기존에 있던 공장들을 연결하고 관리해, 새로운 비즈니스 모델을 만들어낸 사례라 할 수 있다. 현재 리앤펑은 전 세계 40개국에 있는 약 3만 개의 공장을 관리하고 있다. 2009년 비즈니스위크는 이 회사를 세계에서 가장 영향력 있는 회사 스물아홉 개 중 하나로 선정했고, 2011년 리앤펑은 약 200억 달러의 매출을 올렸다.

눈여겨볼 사실은 리앤펑은 자신들이 관리하는 협력회사에게 그들이 맡는 일 중 30퍼센트는 반드시 다른 회사의 일을 하도록 권유한다는 것이다. 리앤펑에 대한 매출의존도를 협력회사 생산능력의 30퍼센트보다는 많게, 하지만 70퍼센트는 넘지 않게 하는 것이다. 보통 협력회사와 일하는 기업들은 오로지 자신들만을 위해 일하기를 요구하는 것과 비교하면, 특이한 지점이 아닐 수 없다. 리앤펑은 이를 '느슨한 연계loose coupling'라고 표현한다. 왜 군이 협력회사에 다른 회사의 일을 권유하는 걸까. 빅터 펑馮國經 회장의 설명은 이렇다.

"30퍼센트 미만은 기체에 해당한다. 형체가 없는 상태인데, 이렇게 되면 협력회사와의 지속적인 관계를 유지하기 힘들다. 반면 70퍼센트가 넘으면 고체상태가 된다. 유연성이 전혀 없게 되는 것이다. 그렇기에 우리는 언제든 흐르는 상태로 유지되는 액체상태를 만들려는 것이다. 30~70퍼센트 사이가 바로 액체상태다."[37]

협력회사가 다른 회사들과 일하면서 새로운 아이디어가 발생하고, 이를 활용하면 또 리앤펑에도 새로움이 도입된다. 이것 역시 연결을 통한 새로움의 창출인 것이다.

혁신의 열쇠는
'예외'에 숨어 있다

특이점경영

사막의 모래바람 못지않게 일본 전자제품의 바람이 거세던 중동 수출 초기, 사우디에 삼성전자 지점을 개설한 지 1년쯤 지난 때였다. 그렇게도 팔리지 않던 12인치 포터블TV가 어느 날부턴가 날개 돋친 듯 팔리기 시작했다. 거래처들은 얼마나 빨리 추가물량을 받을 수 있는지 물으며 빨리 생산해달라고 독촉했다. 갑작스러운 매출 증대의 이유가 궁금했던 필자는 거래처들을 찾았다. 그들은 자화자찬을 늘어놓았다.

"지난 1년 동안 시장을 열심히 개척했더니 드디어 유통채널도 자리가 잡히고 브랜드 인지도도 올라가서 판매가 잘되는 것 같다."

그러나 매출이 갑자기 열 배 정도 뛰는 것을 유통의 힘이나 브랜드 인지도 향상의 결과로만 설명하기에는 왠지 부족해 보였다.

'무엇이 우리 제품을 이렇게 찾게 만드는 것인가? 왜?'

필자는 이 의문을 풀기 위해 시장에 나가서 TV가 직접 팔리는 현장을 지켜봤다. 그러던 중 일선 판매원들이 "삼성 TV에는 '클립타입 전원 케이블(TV 전원을 자동차 배터리와 바로 연결해 사용할 수 있는 연결 코드)'이 있어서 매우 편리합니다"라고 말하면서 제품을 파는 모습을 목격하게 됐다.

소비자들은 판매원들의 이야기를 듣고 나서는 그 많은 일본 TV제품은 쳐다보지도 않고, 우리 제품만을 선택하고 있었다. 중동 사람들은 현대식 주택이 많이 보급돼 있음에도, 유목민 시절의 향수 때문인지 해가 지면 차를 몰고 야외로 나가서 가족, 친구들과 시간을 보내곤 한다. 음악이나 TV를 틀어놓고 고기도 굽고 차도 마시고 더위도 식히면서 대자연을 즐기는 것이다.

이런 수요 때문에 중동향(向) TV제품은 전기뿐 아니라 자동차 배터리에 연결해 외부에서도 TV를 볼 수 있도록 하는 '시거잭 전원 케이블'을 기본 액세서리로 지원하고 있었다. 그러나 이 케이블은 자동차 실내의 시거잭으로부터 연결하게 돼 있어 시동을 걸어놓아야 하고, 케이블로 인해 차 문을 제대로 닫기도 힘들어서 불편하다. 그럼에도 불구하고 당시 시장의 리더였던 일본산 제품이 이를 채택하고 있었기에 자연스럽게 표준 액세서리로 자리잡고 있었다. 그런데 우리 제품에 들어 있는 '클립타입 전원 케이블'은 시거잭 전원 케이블에 비해 사용이 편리했다. 자동차 보닛을 열어 바로 자동차 배터리에 연결하면 되므로 시동을 걸지 않아도 되고 문을 닫아놓아도 괜찮았던 것이다.

이 사실을 파악한 순간 뒤통수를 한 대 얻어맞은 기분이었다. 제품을 직접 주문받아 생산을 의뢰했던 필자의 기억에는 별도로 이런 클립타입 전원 케이블을 액세서리로 요청한 적이 없었던 것이다. 본사에 확인해보니, 생산 현장 담당자의 실수로 인해 최근에 사우디로 선적된 제품에 거래처가 요청했던 표준 액세서리인 시거잭 대신에 클립잭이 우연히 잘못 들어간 것이었다.

큰 실수를 한 셈인데 오히려 그 실수로 인해 우리 TV가 날개 돋친 듯 판매되고 있었다. 이 얼마나 위대한(?) 실수인가. 이 사실을 알게 된 공장에서는 그 담당자에게 책임을 물어 징계를 하겠다고 했다. 그러나 영업부서에서는 만류했다.

"실수를 한 것은 잘못됐지만 이런 기회를 통해서 시장의 진정한 요구를 알게 됐는데, 중요한 계기를 제공한 사람에게 상은 못 주더라도 징계를 주는 것은 안 됩니다."

다행히 담당자는 징계를 면하게 됐다. 이 담당자의 실수는 요즘 장려되고 있는 '창조적 솔루션을 만들어보려다 생긴 시행착오'는 아니었지만, 이 실패로부터 우리가 모르던 고객의 숨은 욕구를 알아내는 학습의 계기를 제공해준 것이다. 일이 잘 안 될 때, 왜 안 되는지의 이유를 정확히 찾아야 더이상의 실패를 피할 수 있듯이, 일이 잘될 때도 왜 일이 잘되는지에 대한 명확한 원인을 찾아야 그 성공을 지속할 수 있다.

포화시장을 한 단계 성장시킨
관찰의 힘

창조의 중요한 원천 중 하나는 관찰이다. 고객의 특이한 사용패턴을 관찰함으로써 고객의 숨은 욕구를 찾아내 성공한 회사도 있다. 미국의 한 바퀴벌레용 살충제 제조업체는 거의 일주일에 한 통씩 살충제를 사러 오는 한 할머니에 대한 이야기를 듣게 됐다. 살충제 한 통을 사면 한 철 내내 쓰는 것이 보통인데, 이 할머니는 왜 일주일에 한 통씩 쓸까 궁금한 마음에 사용습관을 관찰해보기로 했다. 그 결과, 살충제를 뿌리고도 버둥버둥대는 벌레가 징그러워서 완전히 움직임을 멈출 때까지 계속 뿌려댄다는 사실을 알게 됐다. 이 할머니에게 중요한 것은 '벌레가 죽을 것인가, 아닌가'가 아니라 '움직이는가, 안 움직이는가'였던 것이다.

할머니의 사용습관을 관찰한 후 다른 고객들에게도 의견을 물어본 결과, 이들도 벌레의 움직임이 싫었지만 별수 없이 참고 있었다는 사실을 알게 됐다. 이 살충제회사는 이러한 고객의 숨은 욕구를 반영해 벌레를 순간적으로 마비시키는 성분을 보강한 신제품을 개발했다. 벌레가 죽을 때까지의 시간은 기존 제품과 동일하지만, 몇 초 안에 벌레가 움직이지 못하도록 한 것이다. 이 신제품의 등장은 이미 포화시장이라고 여겨졌던 살충제시장을 다시 한 단계 성장시키는 계기가 됐다.

평균과 다른 곳, 외곽지대에 답이 있다. 새로운 전략이 필요할 때는 전체의 경향에서 한 발짝 물러나 특이한 성과를 보이는 집단을 찾아내고 분석해야 한다. 보스턴컨설팅그룹Boston Consulting Group, BCG의 파트너인 미타치 다카시는 그의 저서 『BCG 전략 인사이트』에서 '특이점'에 주목할 것을 강조한다.

"일반적인 상품 개발과정이나 전략 수립의 경우에 평균치와는 상관없는 데이터는 예외로 여겨 배제하기 쉽다. 그러나 바로 이 예외에 혁신의 열쇠가 숨어 있는 경우가 많다."[38]

우리가 세상의 변화에 관심을 가지고 무심코 흘려보낼 수도 있는 작은 변화나 문제를 특이한 것으로 이해하는 순간, 세상의 모든 일들은 우리의 스승이 돼 많은 지혜를 알려줄 것이다.

풀리지 않는 문제의 해법, 특이점

풀리지 않는 문제의 해법을 찾아내는 비결의 하나는 특이점을 찾아내는 것이다. 일반적인 경향과 다른 특이한 현상을 찾아내고 관찰함으로써 의외의 해결책을 찾아낼 수 있다. 17세기 장기 원양 항해선의 선원들을 괴롭힌 괴혈병의 해결책도 우연찮은 계기로 얻어졌다. 괴혈병 문제를 연구하고 있던 한 영국인 의사가 있었다. 그는 대부분의 원양 항해선원이 괴혈병으로 고

생하던 중에도 몇몇 배의 선원들은 한 명도 괴혈병에 걸리지 않았다는 사실에 주목했다. 연구 결과, 그 배들은 오렌지와 레몬이 많이 나는 지역에 기항했다는 공통점이 있었다. 이 발견은 괴혈병이 비타민 C의 부족으로 생긴다는 연구로 연결됐고 지금은 의학상식이 됐다. 일반적인 경향과 다른 특이한 현상을 보이는 집단을 찾아내고 그들의 행동을 관찰함으로써 해결책을 찾아낸 것이다.

이케아와 워크맨을 만든 물음표들

'갑자기 잘 팔리거나, 안 팔리는 제품이나 지역이 없는가?' 조그마한 특이점, 사소한 변화에 눈을 뜨고 왜 그런 것인가에 의문을 가지고 어린아이 같은 '순진한 왜Innocent Why'를 던져보자.[39]

잉그바르 캄프라드Ingvar Kamprad가 발명한 조립식 가구 이케아는 스웨덴에서 가장 유명한 수출품 중 하나다. 그런데 이 가구의 탄생에는 작은 것에 품었던 의문이 자리하고 있다. 어느 날 이삿짐을 나르던 캄프라드의 눈에 한 인부의 모습이 눈에 들어왔다. 그는 테이블의 다리를 하나씩 해체하고 있었다. 그대로 차에 실으면 자칫 흠이 생길 수 있기에 굳이 조립된 가구를 분해하고 있었던 것이다. 순간, 캄프라드의 머릿속에 한 가지 생각이 스쳤다.

'왜 우리는 늘 조립된 가구만 사는 거지? 부피가 커서 배송받을 때도 번거로운데 말이야.'

그냥 지나칠 수 있었던 사소한 발견에서 던진 '왜'라는 질문이 조립식 가구 이케아로 이어졌던 것이다. 이케아는 소비자가 가구를 고

르기 위해 돌아다니는 시간과 노력, 가구의 배송과 설치 같은 소비
자비용을 획기적으로 줄인 상품이었다.

이제는 역사 속으로 사라진 제품이지만, 한 시대를 풍미한 전설적
인 제품인 '워크맨' 역시 모리타 아키오 회장이 던진 '왜'라는 질문
덕분에 가능했다. 집에서 음악을 즐겨 듣던 그는 어느 날 한 가지 의
문을 떠올렸다.

'왜 음악은 집에서만 들어야 하지?'

주변의 소음을 차단하고 나만의 소리를 들을 수 있도록 한 휴대용
카세트는 개인주의적 시대정신과 완벽하게 맞아떨어졌고, 영어사전
의 'Walkman'이라는 단어도 이렇게 탄생했다.

영감의 보고 '실패박물관'

미국 미시간 주 앤아버에는 '실패박물관'이라고 불리는 박물관이
있다.[40] 정식 명칭은 '뉴 프로덕트 웍스New Product Works'. 이곳에는 시
장에서 실패의 고배를 마셨던 제품 7만 점이 전시돼 있는데, 1992년
출시됐다가 참패를 겪은 무색콜라 '크리스탈펩시', 아이들을 위한
스프레이 방식의 치약 '닥터케어' 같은 것들이다. 이 박물관의 설립
자는 "나는 그저 신제품을 모아놓을 뿐이다. 그런데 매년 출시되는
신제품 가운데 80~90퍼센트는 실패한다. 그래서 이 박물관이 실패
박물관이 된 것이다"라고 설명한다.

필자는 이 박물관이야말로 영감의 보고라고 생각한다. 실패는 다
음번 성공의 길을 가르쳐주는 유용한 정보를 가득 담고 있기 때문이

다. 예외에 혁신의 열쇠가 담겨 있듯, 실패에 성공의 실마리가 담겨 있는 법이다.

그렇기에 모든 기업은 실패에 좀더 관대할 필요가 있다. 실패에 대해 책임을 추궁하거나 인사고과에서 불이익을 줘서는 직원들의 도전을 끌어내기가 힘들다. 그러한 주장에 든든한 뒷받침이 되는 회사로 일본전산日本電産을 꼽을 수 있다. 이 회사는 1973년 네 사람이 세 평짜리 시골창고에서 시작해, 2009년 계열사 140개에 직원 13만 명을 거느린 매출 8조 원의 기업으로 성장했다.

이 회사의 놀라운 약진에는 여러 이유가 있으나, 그중에서 '가점주의加點主義'를 주목할 만하다.[41] 흔히 일반적인 회사들은 실패하면 점수를 깎는 '감점주의'를 시행한다. 그러다보니 실패하지 않기 위해 시도조차 하지 않는 상황이 벌어지곤 한다. 하지만 일본전산은 실패는 전혀 문제삼지 않고, 오직 성공한 일에 점수를 주는 가점주의로 직원들의 사기를 북돋고 있다. 사장의 설명은 이렇다.

"회사를 키우고 활력 있는 조직으로 유지하기 위해서는 가점주의가 필요하다. 특히 중견기업이나 중소기업들은 감점주의를 도입하면 머지않아 인재가 아무도 남지 않는다. 제대로 하려고 하는 사람의 발목까지 잡는 게 감점주의다. 도약하는 기업을 만들려면 가점주의로 운영해야 한다."

우리는 실패를 통해 배우고 성장한다. 비즈니스맨은 실패가 새로움을 발견하기 위한 하나의 열쇠가 될 수 있다는 사실을 명심해야 하고, 조직은 구성원의 실패에 관대한 분위기를 형성해야 한다.

당신은 모든 일에 궁금해하고 있는가?

특이점을 간과하지 않을 때,
새로움이 탄생한다.

불만은
기회의 다른 이름이다

약점경영

우리나라의 한 해 커피 수입량은 12만 톤, 금액으로 6억 달러가 넘는다. 식품의약품안전청 자료에 따르면, 우리나라 경제활동 인구를 기준으로 한 명이 하루 평균 1.5잔의 커피를 마신다고 한다.[42] 봉지커피의 일상화가 주요 요인이라는데, 그러다보니 이 시장을 차지하기위한 커피업체 간의 경쟁도 치열하다.

2012년 중반 시장에 출사표를 던진 롯데칠성음료의 '칸타타 스틱커피' 광고가 세인의 관심을 끌었다. 유명 연예인들을 등장시켜 법정공방을 벌이는 설정의 광고, '증거 있습니까?'이다. 광고는 100퍼센트 아라비카 원두로 만든 제품이라고 주장하며, 그 증거로 잔에 남은 찌꺼기를 제시했다. 사실 소비자 입장에서는 잔에 찌꺼기가 남는 것이 미관상으로도 좋지 않을 뿐 아니라, 불순물인 듯싶어 찝찝하게 여겨질 수 있다. 하지만 이 회사는 제품이 지닌 약점(찌꺼기)을 오히려 제품의 강점(100퍼센트 원두)을 알리는 수단으로 역이용했다. 전략이 주효했는지 이 제품은 출시 한 달여 만에 30억 원의 매출을 올리며 포화상태의 봉지커피시장에 성공적으로 진입했다.[43]

약점의 강점화, 찌꺼기에서 원두커피로의 반전을 보면서, 필자는 세월의 시계를 거꾸로 돌려본다.

약점이 강점으로
치환되는 순간

국내 하이파이 오디오시장의 태동기였던 30여 년 전, 삼성전자가 하이파이 오디오시장에 진출했을 때의 이야기다. 이때까지만 해도 국내 가정용 오디오시장은 별표전축, 독수리표전축 같은 제품이 주류를 이루고 있었다. 이 제품들은 튜너, 앰프, 카세트데크, 턴테이블, 스피커가 한 기기에 장착돼 있는 일체형으로, 웬만한 레코드를 듣는 데는 부족함이 없는 한 가정의 큰 재산목록이었다. 한편 세운상가나 충무로에서는 오디오 마니아를 상대로 미8군 PX에서 흘러나온 해외 유명 하이파이 브랜드가 소량거래되고 있었는데, 모두 분리형 제품으로 튜너와 앰프 또는 리시버 receiver 형태로 나눠 팔리는 전문 오디오들이었다.

당시 삼성전자의 신규 오디오사업 기획을 맡고 있던 필자는 '소노라마Sonorama'라는 오디오 브랜드를 만들고, 국내 최초로 채널당 55와트의 하이파이 오디오를 야심차게 출시했다. 하지만 시장의 반응은 기대에 미치지 못했다. 외국제품에 비해 손색이 없는 음질과 디자인을 자랑한다고 확신했기에, 국산 고급 오디오를 외면하는 소비자가 원망스럽기까지 했다. 그렇다고 소비자만 탓할 수는 없는 노릇이었다. 어려운 경영여건이었지만 광고비용을 투자해서라도 제품을 공격적으로 홍보하기로 했다. 그날부터 광고회사와 회의가 시작됐다. 일단 제품이 팔리지 않는 원인부터 찾는 것이 급선무였다.

"성능도 디자인도 외국제품에 뒤지지 않는데, 문제가 뭘까요?"

"가격이 비싸서 그런 게 아닐까요?"

"외국제품에 비하면 상대적으로 낮은 가격인데요."

"이거 참……"

지지부진한 회의가 이어지던 중, 한 직원이 꺼낸 이야기에서 예상치 못한 답을 구할 수 있었다.

"저…… 이게 이유인지는 모르겠습니다만, 우리 제품에 대해서 몇몇 소비자들이 비슷한 불만을 제기한다고 합니다. 전원을 켜면 음악이 바로 나오지도 않고, 심지어 음악이 나오기 전에 시계초침 같은 잡음이 난다고요. 오디오를 구매하는 소비자는 기준이 까다롭고 서로 정보를 많이 공유하는데, 그런 불만들이 걸림돌이 되는 건 아닐까요?"

사실 오디오는 세탁기나 냉장고 같은 생활형 가전제품은 아니다.

다른 가전에 비해 상대적으로 높은 가격도 그렇고, 용도도 그렇고 취미생활을 위한 사치품에 가깝다. 소비자 입장에서는 비싼 돈을 주고 구매했으니 좋은 음질은 당연한 것이고, 제품 전면의 표면처리와 광택 등 세세한 부분까지 신경쓰게 된다. 그런데 전원을 켰을 때 바로 음악이 나오지 않고 소음까지 난다면, 정말 심각한 문제가 아닐 수 없다. 결국 좋은 제품이라는 우리의 자신과는 달리, 제품의 품질이 떨어졌던 것일까.

하지만 이것은 제품의 불량이 아니라 당시 출시되던 고급 하이파이 오디오의 특징이었다. 저출력인 일반 오디오와 달리, 고출력인 하이파이 오디오는 높은 출력을 필요로 하다보니 한꺼번에 많은 전류가 흘러서 앰프의 회로가 손상되거나 스피커가 망가질 수 있다. 이를 방지하고자 전원 입력부에 릴레이회로를 설계했는데, 이 때문에 전원을 넣은 다음부터 음악이 나오기까지 다소 시간이 걸리는 것이었다. 그리고 시계초침 같은 '딱' 소리는 릴레이회로의 작동소리로 당시 외국 고급 오디오에서도 감지되는 현상이었는데, 저출력 오디오에 익숙한 대부분의 소비자들에게는 이것이 품질 문제로 여겨진 것이다.

고출력 제품이기 때문에 발생하는 자연스러운 현상이 제품의 약점으로 비춰지니 억울하기도 하고 골치 아픈 문제가 아닐 수 없었다. 실제 제품에 하자가 있는 것이라면 당연히 개선해야겠지만, 문제가 아닌 것을 고칠 수는 없지 않은가. 생각의 정리가 필요했다. 초점을 불만에 맞춰 고민해봤다. 부정적인 요소이긴 하지만 소비자가 가장 크게 인식하고 있는 것이기 때문에, 이를 어떻게 활용하느냐가 관건이었다.

'판매 부진의 원인은 소비자의 불만이다 → 소비자의 불만은 제품의 하자가 아니라 오히려 고급제품이 가진 고유의 특성이다 → 결국 소비자가 정확한 정보를 모르기 때문에 불만을 갖는 것이다 → 그럼 소비자에게 정보를 제공한다면?'

소비자들의 불만이 오해라는 사실을 알려준다면 오히려 기회가 될 수 있지 않겠는가. 오랜 논의를 통해 소비자의 불만을 고급 오디오의 특성으로 바꿔보자는 데 의견의 일치를 본 것은 큰 진전이었다. 그 결과로 탄생한 신문광고의 카피다.

"좋은 음악을 들으시려면 4초는 기다리셔야 합니다. 삼성 소노라마 3500에는 과전류로부터 오디오기기를 보호하는 릴레이회로가 내장돼 있어, 스위치 작동에서 음악이 흐르기까지는 4초가 걸립니다. 이 4초는 바로 당신의 오디오세트가 고급품임을 말해주는 것입니다."

카탈로그에는 4초를 기다리게 하는 릴레이회로가 소중한 고급 하이파이 오디오를 보호하는 데 얼마나 중요한 것인지에 대한 자세한 설명을 덧붙였다. 소비자들의 불만이었던 '기다림의 4초'를 다른 저출력 오디오제품과 차별화되는 '고급 하이파이 오디오의 상징'으로 인식시키기 위한 전략이었다. 다행히 약점을 강점으로 치환시킨 전략은 주효했고, 성공적인 시장 진입에 탄력을 받을 수 있었다. 우측 이미지는 1979년 3월 7일에 중앙일보에 실린 실제 광고다.

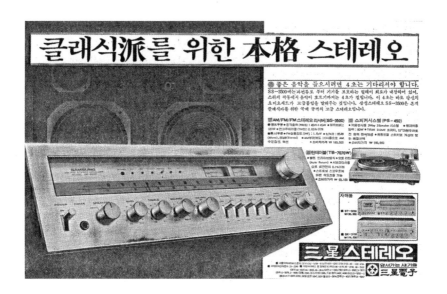

　기업이 소비자의 의견에 귀기울여 제품의 문제를 파악하고 개선해나가는 것은 매우 중요한 일이다. 1980년대 후반부터 미국과 유럽 등에서 주목받았던 '고객만족경영'에서도 경영의 모든 부문을 고객의 입장에서 생각할 것을 강조하며, 고객의 불만을 효과적으로 처리할 것을 요구했다. 고객의 불만을 통해 제품이나 서비스의 문제를 파악, 개선함으로써 그 품질을 높일 수 있는 것은 물론, 고객의 불만을 만족으로 탈바꿈시켰을 때 충성고객을 확보할 수 있다는 것은 익히 알려진 이론이다.

　『워렌 버핏이 선택한 CEO들』이라는 책을 보면, 불만에 가득 찬 고객들을 충성고객으로 전환시킨 기업의 사례가 등장한다.[44] '악마의 캔디'로 유명한 미국의 명품캔디 브랜드 '씨즈캔디 See's candies'는 1980년대 말, 좀처럼 인기를 끌지 못하는 '마쉬민트'라는 제품을 단종시키기로 결정했다. 그런데 그와 동시에 불만이 접수되기 시작했다. 500명이 넘는 고객이 자신은 그 제품을 좋아한다며 항의편지를 보낸 것이다. 고작 500명의 불만으로 판매가 저조한 제품을 복권시키는 것은 손해였지만 CEO 척 허긴스Chuck Huggins는 '고객의 불만을 기회로 봐야 한다'고 생각했다. 그는 제품을 부활시킨 후, 불만편지를 보낸 사람들 모두에게 선물 교환권을 주면서 새로 결성한 '마쉬민트 클럽'에 가입하도록 청했다. 1990년대 중반에 이르러 클럽의 회원 수는 만여 명으로 늘어났는데, 그들은 모두 엄청난 로열티를 자랑하는 고객들이었다. 불만을 기회로 '역전'시킨 통쾌한 사례 중 하나다.

하지만 소비자의 불만을 해결하는 데 있어 주의할 점이 있다. 발견한 약점을 무조건 보완하거나 변명하려고만 한다면, 오히려 제품의 특징을 무색하게 만들 수 있다는 것이다. 중요한 것은 문제의 '본질'을 파악하는 일이다. 그것이 정말 제품이 지닌 하자여서 개선이 시급한 문제인지, 소비자의 정보 부족으로 인한 오해로 상황에 따라 장점으로 변모가 가능한 것은 아닌지를 정확히 가려내야 한다. 아무런 잘못이 없는 것, 심지어 소비자의 기대를 앞선 뛰어난 것까지도 불만의 대상이 될 수 있으나, 이에 잘 대응하면 더 효과적인 장점으로 부각시킬 수 있다. 더 나아가 문제의 소지가 있는 약점까지도 생각을 바꾸면 이를 강점으로 만들거나 새로운 제품으로 재탄생시킬 수 있다.

비즈니스 사례는 아니지만, 1984년 재선에 도전한 로널드 레이건은 상대 후보 월터 먼데일Walter Mondale과의 토론 도중, 자신의 약점을 강점으로 반전해냈다. 73세라는 고령의 나이에 대해 공격하는 질문을 받은 레이건의 답변은 이랬다.

"이번 선거 캠페인에서는 나이를 문제삼지 않을 생각입니다. 정치적인 목적으로 상대 후보의 어린 나이와 미숙함을 이용하지 않겠다는 뜻입니다."

자신의 많은 나이(약점)를 노련함(강점)으로 탈바꿈시킨 것이다. 렌터카업체인 에이비스Avis 역시 업계 2위, 이에 따른 소비자들의 약한 신뢰도라는 약점을 "우리는 2등입니다. 그래서 더 열심히 합니다"라는 광고를 통해 2등이기에 더 노력한다는 강점으로 바꿔낸 바 있다.

약점경영이란, 약점에 신속히 대처해 문제를 해결하는 것만이 아니라 약점을 '어떻게' 다룰 것인지에 대한 면밀한 분석과 고민, 활용을 뜻한다. 우리의 제품이나 서비스가 지닌 문제나 소비자의 불만에서 새로운 기회의 창을 보는 슬기가 필요하다.

소비자의 불만과 제품의 약점을, 강점으로 활용하는 세 가지 방법

제품이 항상 완벽할 수는 없다. 모든

소비자를 만족시키는 제품도 없다. 결국 불만과 약점이 피할 수 없는 숙명이라면, 그것을 어떻게 효과적으로 관리할 수 있을지를 고민해야 한다. 여러 방법이 있겠지만, 필자가 권하는 방법은 정직, 교육, 그리고 발상의 전환이다.

소비자는 정직한 기업에 환호한다

약점경영에 있어 가장 중요한 것은 소비자의 불만이나 제품의 약점을 '사실fact'에 입각해 받아들이는 자세다. 커피 찌꺼기가 남는 것이나 전원을 넣었는데도 바로 음악이 들리지 않는 것은 사실이다. 그리고 그 원인을 잘 모르는 소비자에게는 틀림없이 부정적인 사실이다. 설사 잘못 인식된 부분이라 할지라도 일단 이 사실에 대해서는 깨끗하게 인정하는 것이 우선이다.

마케팅전략가인 알 리스는 자신의 책 『마케팅 불변의 법칙』에서 '정직의 법칙'을 강조한다.[45] 그에 따르면 '정직(사실 인정)'의 목적은 사과가 아니라 소비자를 설득할 혜택을 구축하는 일이다. 소비자가 생각하는 부정적인 사실을 정직하게 인정해야만, 이후에 펼치는 반론이나 설명이 더욱 설득력 있게 다가서며 비로소 부정을 '긍정'으로 돌려놓을 수 있다.

조금 극단적인 사례지만, 존슨앤존슨Johnson&Johnson의 독극물 사건 대처는 정직의 법칙이 어떻게 작용하는지를 잘 보여준다.[46] 1982년, 존슨앤존슨은 엄청난 사건에 휘말린다. 독극물이 들어 있는 타이레놀을 먹은 고객이 사망한 것이다. 제약회사로서는 치명타였고, 어쩌면 재기가 불가능할지도 모를 절체절명의 위기였다. 대부분의 기업이라면 어떻게든 이를 감추고 은폐하려고 했을지도 모른다. 하지만 이 회사가 택한 방법은 달랐다. 그들은 사건에 대해 진심으로 사과한 뒤, 타이레놀에 독극물이 들어 있을지 모르니 주의하라는 사실을 적극적으로 알렸다. 대규모 리콜 조치도 감행했다. 예정된 수순대로 타이레놀의 시장점유율은 4분의 1 수준으로 떨어졌다.

하지만 그들의 정직함은 얼마 지나지 않아 그 빛을 발했다. 고객의 사망이라는 초유의 사태에도 불구하고 기업에 대한 신뢰도는 오히려 상승한 것이다. 잘못을 솔직히 인정하고 적극적으로 대처하는 모습이 소비자의 부정을 긍정으로 바꿔놓은 셈이다. 그리고 1년 후, 타이레놀의 시장점유율 역시 예전 수준으로 회복됐다.

소비자가 제품이나 서비스의 문제에 불만을 품는 것은 1차적인 문제다. 이는 기업에 대한 신뢰를 훼손할 수준은 아니며, 사과와 개선을 통해 얼마든지 극복할 수 있다. 하지만 기업이 잘못을 인정하지 않거나 이를 숨기려들면, 소비자는 깊은 배신감과 함께 불신을 품게 된다. 이는 결코 쉽게 회복할 수 있는 문제가 아니다. 그렇기에 사실에 대한 신속하고 솔직한 인정은 기업에 대한 신뢰를 구축하는 주춧돌을 놓는 셈이다.

소비자는 '판매의 대상'이자 '교육의 대상'이다

소비자의 잘못된 이해에서 문제가 발생했다면, 이를 바로잡을 제품 교육이나 적절한 광고가 필요하다. 스웨덴 가구업체 이케아가 스위스에 진출할 때의 일화는 소비자들에 대한 교육의 필요성을 보여준다.

이케아는 완제품이 아닌 조립식 가구를 판매하는 업체다. 가구부품을 구매해서 스스로 조립하는 것이 가격적인 측면에서 소비자에게 훨씬 유리했지만, 스위스 소비자들에게는 이것이 단점으로 여겨졌다. 그들은 번거로움을 싫어하는 성향을 지닌데다 완제품 가구를 구입, 배송받는 것에 익숙했기 때문이다. 당시 이케아가 취한 전략은 소비자 교육이었다. 그들은 본격적인 진출에 앞서 "DIY_{Do it yourself}는 무모한 짓이야, 스위스에서는 이것이 통하지 않을걸"이라는 티저teaser부터 시작했다. 소비자가 생각하는 약점을 전면에 내세우면서, 그것이 강점인데도 소비자가 잘 모르고 있다는 사실을 은유적으로 전달한 것이다.

약점의 통쾌한 반전 '보졸레누보'와 '할리데이비슨'

프랑스 보졸레 지방은 유명한 와인 생산지인 부르고뉴 지역에 속하면서도, 특수한 토양 때문에 가메이 포도만 재배할 수 있었다. 가메이 품종은 장기 보관, 숙성이 불가능했기에 가벼운 맛밖에 낼 수 없는데, 이 때문에 보졸레 와인은 대중 레스토랑이나 동네 술집에서 먹는 저렴한 와인으로 인식됐다. 하지만 보졸레 와인의 마케팅을 맡은 조르주 뒤뵈프Georges Duboeuf는 오래 숙성시키기 어렵다는 단점을, 빨리 숙성돼 금방 마실 수 있다는 강점으로 변모시켰다. 그는 출시일을 엄격히 정해 연대를 이룬 상인들이 동시 출하하는 것을 유도하

132
적의 칼로 싸워라

고, 이를 하나의 이벤트로 만들었다. 11월 셋째주 목요일 자정이 넘어야만 와인을 맛볼 수 있도록 한 것이다. 그 발상의 전환을 통해 오늘날 보졸레누보는 그해의 와인을 맛볼 수 있는 햇포도주의 대명사로 자리잡았다.

이렇듯, 약점이 사실이라면 그것을 강점으로 활용하는 '발상의 전환'이 필요하다. 할리데이비슨 역시 발상의 전환으로 엄청난 충성고객을 확보한 사례다.[47] 사실 할리데이비슨은 보기에 따라서는 약점이 많은 제품이다. 승차감도 형편없고 거친 사운드는 귀에 거슬린다. 하지만 할리데이비슨은 이를 '거친 남자의 상징'으로 변모시켰다. 그들은 남자라면 누구나 야성에 대한 로망이 있다고 판단했고, 그래서 불편한 승차감과 소음을 야성의 상징으로 어필한 것이다. 덕분에 할리데이비슨은 남자들을 위한 제품으로 자리잡았고, 엄청난 마니아들을 양산해냈다. 할리데이비슨 동호회를 지칭하는 호그 HOG, Harly Owners Group 는 전 세계에서 가장 열정적이고 개성 넘치는 동호회로 통한다.

한번 자문해보길 바란다. 당신의 제품이나 서비스가 지닌 약점은 '개선'해야 할 것인가, 강점으로 '반전'시켜야 할 것인가. 약점은 때로 가장 좋은 강점이 될 수 있다는 사실을 명심하자.

4장

전략 경영

발상을 전환하고 새로움을 탄생시키는 것은 경영의 첫번째 방법론이다.
하지만 이것이 '실행'으로 이어지지 않는다면 아무런 소용이 없다.
새로운 생각을 어떻게 제품으로 실현시키고, 어떤 홍보와 마케팅을 통해
고객에게 알리며, 결과적으로 브랜드를 어떻게 구축할 것인지,
체계적인 전략이 필요한 이유다. '전략경영'은 크게
'리얼 밸류'와 '퍼시브드 밸류'의 간극을 좁히는 브랜드경영,
한 번 성장하고 마는 것이 아니라 성장을 지속하는 것에 방점을 두는 '성장 관리',
효과적인 마케팅을 위한 '풀·푸시전략' '문화 마케팅' 등으로 구성된다.

같은 브랜드의 와인이
네 배 이상 비싼 이유는?

리얼 밸류와
퍼시브드 밸류

와인 열풍이 국내를 휩쓸기 시작한 지도 몇 년이 지났다. 필자 역시 지인들과 만나면 와인을 즐겨 마신다. 특별히 선호하는 브랜드가 있다기보다 그날의 메뉴와 분위기에 따라서 어울리는 와인으로 즐기는 편이다. 하지만 선호도와는 별개로, 필자가 각별히 생각하는 와인이 하나 있다.

로버트몬다비. 미국 캘리포니아 주 나파밸리의 이 와인은 필자의 가슴을 뛰게 하는 이름이다. 이 와인에는 과거 삼성전자가 후발업체 시절 브랜드 인지도가 약해서 겪었던 애환, 그리고 거기서 벗어나려고 안간힘을 썼던 필자의 깊은 고민이 어려 있다.

와인 블라인드 테이스팅이
거래 성사로 이어진 이유

　　　　　　　　　10여 년 전 필자가 미국시장에서 삼
성의 새로운 유통채널을 구축하려고 뛰어다니던 때의 이야기다. 유
독 중부에 있는 한 대형 유통업체의 문이 좀처럼 열리지 않았다. 아
예 사람을 만나주지 않았다. 입점하겠다는 업체들이 줄서서 대기하
는 그들 입장에서는 알려지지 않은 브랜드의 담당자를 만날 시간도,
이유도 없었던 것이다. 인맥을 총동원해서야 간신히 저녁 약속을 잡
았다. 가볍게 식사나 하자고 했는데, 그쪽 책임자가 다섯 명이 나오
겠다고 알려와 우리 측에서도 다섯 명이 나가기로 했다.

　가볍게 만나자고 했지만 가벼울 수 없는 자리였다. 처음이자 마지
막일지도 모를 기회였기에 그 자리에서 어떻게든 담당자를 설득해
야만 했다. 어떤 이야기로 그들의 마음을 돌릴 것인지에 대한 준비
도 필요했지만, 대접을 소홀히 받았다는 인상은 금물이었기에 담당
자의 취향을 사전에 알아봤다. 사람이 수수하고 좋지만 와인에 대해
서만은 까다롭다는 정보를 얻었다. 와인에 관심이 많고, 특히 '몬다
비리저브'라는 와인을 좋아한다는 사실을 알게 됐다. 서양에서는 접
대의 수준이 음식이 아니라 와인에 따라 정해진다고 들었는데 와인
을 고르는 걱정은 해결됐지만 문제는 그 와인의 가격이었다. 식당에
서 한 병에 300달러 정도라니 열 명이 다섯 병을 마신다면 와인값이
도대체 얼마인가. 그때가 IMF 외환위기 후로 당시 환율이 1850원 정

도였으니 와인값 1500달러는 결코 적은 금액이 아니었다.

식당에서 자리를 잡자마자 모른 체하고 그쪽 책임자에게 적당한 와인을 골라달라고 했더니, 펼쳐보지도 않고 와인 리스트를 다시 돌려줬다. 리스트에는 그가 즐겨 마신다는 몬다비리저브가 있었고, 이보다는 못하지만 같은 몬다비에서 나온 다른 와인도 있었는데 실은 그것도 꽤 괜찮은 와인이었다. 원래 '리저브reserve'라는 명칭은 이탈리아나 스페인의 와이너리에서 유래한 것으로, 특별히 여러 해 숙성된 와인에만 붙일 수 있었는데 근래에는 마케팅 경쟁이 심화되면서 제품 차별화전략의 수단으로 바뀌고 있다. 같은 와이너리에서 생산하는 와인 중에서도 최상급 포도를 쓰거나 특별히 숙성을 시킨 프리미엄 와인을 내놓으며 '리저브'란 이름을 붙이는 경우가 많다. 특히 몬다비의 리저브 와인은 와인 애호가들 사이에서 명성을 얻으며, 같은 와이너리에서 나온 보통 와인가격의 다섯 배나 됐다. 프리미엄 제품이 여러 면에서 품질이 좋다 하더라도 이렇게 큰 가격 차이를 정당화할 정도인지가 늘 궁금했었다. 순간 호기심이 발동한 필자가 그에게 말을 건넸다.

"저는 몬다비의 와인이 좋던데 몬다비 좋아하세요?"

"네, 아주 좋아합니다."

"몬다비 좋아하신다니 평소에 궁금한 것이 하나 있어요. 몬다비 리저브와 보통 몬다비가 왜 이리 가격 차이가 나는지 모르겠어요. 정말 이렇게나 맛이 다른가요?"

"당연히 리저브가 훨씬 더 좋겠지요."

"얼마나 더 좋은데요?"

"좋은 질문이네요. 글쎄…… 얼마나 더 좋을까?"

"그럼, 우리 두 와인을 놓고 블라인드 테이스팅blind tasting을 해보면 어때요?"

그는 재미있는 제안이라며 환영했고, 즉석에서 와인 시음이 벌어졌다. 편의상 먼저 따른 와인을 A, 나중 와인을 B라고 부르며 우리는 테이스팅을 시작했다.

맨 처음 시음한 사람은 그 회사 와인동호회 모임을 이끌고 있다는 존John으로 모두 그의 평가결과를 주시했다. 신중하게 A와 B를 음미한 존은 "A의 맛이 좋다"며, "A가 리저브인 것 같다"고 말했다. 이럴 때 첫 단추가 참 중요하다. 다음 시음자는 주저 없이 동호회 회장을 따라 A를 택했다. 세번째는 와인을 좋아한다던 그 책임자, 찰스Charles의 차례였다. 한참 두 와인의 맛을 비교하던 그는 "나는 중립을 지키겠다"며 선택을 포기했다. 그 이유인즉 본인 취향으로는 B의 맛이 좀더 나아 리저브인 것 같은데, 와인동호회 회장인 존의 의견에 정면도전할 만큼 B가 A보다 나은 것은 아니어서 차라리 중립을 지키겠다는 것이다. 찰스가 와인도 잘 알지만 참 좋은 리더의 자질도 갖추고 있다는 생각이 들었다.

상황이 이렇게 돌아가니 상대방의 나머지 두 사람이나 우리 쪽의 참석자들도 자의든 타의든 A를 택하게 됐다. 필자는 답을 알고 있었다. A는 보통 몬다비였고 B가 몬다비리저브였다. 필자는 그 사실을 밝히면서 이런 이야기를 덧붙였다.

"여러분의 평가를 들어보니, 리저브가 소니라면 보통 몬다비는 삼성 같다는 생각이 드네요. 찰스는 리저브를 실제로 알아맞혔지만, 우리 대부분은 오히려 보통 와인이 더 좋다고 할 만큼 두 와인의 수준 차이는 없어 보입니다. 그런데도 가격은 리저브가 훨씬 높지 않습니까? 삼성과 소니의 제품을 함축적으로 보여준 의미 있는 테스트가 된 것 같습니다."

순간 일제히 박수가 터져나왔다. 그리고 본격적으로 와인을 마실 시간이 되자 너나 할 것 없이 웨이터에게 "삼성을 달라"고 주문했다. 당황하는 웨이터에게 '삼성=보통 몬다비'라는 설명을 덧붙여야 했지만 말이다. 그날 우리는 더이상 비즈니스 이야기를 꺼내지 않고 즐겁게 대화를 나누며 '삼성'을 무려 열 병이나 마셨다.

그날의 수확은 두 가지였다. 하나는 비용을 적게 들이면서 상대가 흡족할 만한 대접을 한 것이고, 다른 하나는 당시 삼성 제품이 소비자들이 느끼는 가치perceived value 측면에서는 경쟁사에 떨어지지만, 제품의 실질가치real value에서는 별 차이가 없다는 점을 효과적으로 소통한 것이다.

바로 다음날 실무자들 간에 본격적인 상담이 이뤄졌고 새로운 거래가 시작됐다. 당시 삼성의 제품수준은 소니에 뒤지지 않았음에도 브랜드 이미지에서 밀려, 시장 진입에 난항을 겪었고 제값 받기도 어려운 상황이었다. 이날은 운이 좋아 삼성 제품의 실질가치를 비유적으로 잘 설명해 새로운 유통시장 진입의 물꼬를 틀 수 있었지만, 낮은 브랜드 이미지는 후발업체가 극복해야 할 과제임을 역설적으로 깨닫게 해준 소중한 경험이었다.

브랜드는 소비자들이 느끼는 가치를 높여주고 시장에서 제값을 받게 해주는 중요한 자산임이 틀림없다. 브랜드는 브랜드를 높이려는 전술과 투자만으로는 결코 만들어지지 않는 것 또한 사실이다. 아무리 브랜드전략을 성공적으로 수행해도 제품의 품질이 뒷받침되지 않고서는 지속 가능한 브랜드를 가질 수 없다. 최근 브랜드에 대한 관심이 고조되면서 제품의 품질을 높이려는 본질적인 노력보다 단순히 브랜드 인지도를 높이는 전술에 주력하는 업체가 늘고 있다. 후발업체일수록 효과적인 시장 진입을 위해 본질에 더욱 충실해야 한다.

브랜드경영의 요체는
균형감각

또 한 가지 유의할 사실은, 브랜드 이미지가 하나의 잣대로만 평가될 수 없다는 것이다. 매년 9월 마지막주가 되면 필자가 설레는 마음으로 기다리는 발표가 있다. 세계적인 브랜드 컨설팅그룹인 인터브랜드Interbrand에서 발표하는 '글로벌 100대 브랜드Best Global Brands'가 그것이다. 2012년 발표된 순위에서는 삼성이 2011년에 비해 여덟 계단 상승하며 9위에 랭크된 것은 물론, 기아자동차가 처음으로 순위(87위)에 진입하고 현대자동차가 아우디를 제치고 자동차부문에서 7위(전체 53위)에 오르는 등 국내 기업의 활약이 어느 때보다 두드러져 화제를 모았다.[48] 이 순위를 보노라면 세계 비즈니스계의 흐름과 기업들의 성장 혹은 하락 추이를 한눈에 파악할 수 있다.

필자가 삼성전자에서 마케팅팀장을 맡았던 1990년대 중반만 해도 세계 전자업체의 2군에도 끼지 못했던 삼성 브랜드의 선전에 새삼 격세지감이 느껴진다. 늘 소니에 뒤처졌던 삼성은 2004년 근소한 차이로 따라붙더니, 2005년부터는 소니마저 제치고 상위권에 랭크됐다. 사실 이 순위는 소비자가 체감하는 브랜드 이미지와는 다소 차이가 존재한다.

인터브랜드의 브랜드 평가는 그 평가공식을 보면 회사의 재무적인 성과와 관련이 크다. 브랜드 가치가 올라가면 무슨 일이 벌어질까. 그만큼 판매가 증진되면서 이익이 발생하고 결과적으로 매출이 신장할 것이다. 그러므로 매출신장률과 이익신장률이 높으면 브랜드 가치가 높다는 논리로 브랜드 가치가 평가되는데, 실제 소비자가 느끼는 브랜드 이미지는 회사의 실적과 관계없이 소비자의 마음에 투영돼 남아 있으므로 괴리가 존재할 수밖에 없다. 인터브랜드에 의해 브랜드 가치가 높이 평가됐다는 점은 고무적인 사실임에 분명하나 이 평가의 한계도 간과하지 말아야 한다.

인터브랜드의 글로벌 100대 브랜드 순위의 성과를 근거로 브랜드

에서도 경쟁사를 완전히 이겼다고 좋아하는 후배들에게 필자가 짓
궂은 질문을 한 적이 있다.

"만약에 같은 급의 차를 갖게 된다면, 토요타가 좋아요, BMW가
좋아요?"

"그걸 말해서 무엇 합니까. 당연히 BMW가 좋죠."

"그렇죠? 그런데 인터브랜드의 글로벌 100대 브랜드 순위에서는
토요타와 BMW 중 누가 더 높은지 아나요?"

"……"

"토요타가 높아요. 이게 뭘 의미하겠습니까? 소비자들이 생각하
는 브랜드 순위와 인터브랜드의 브랜드 가치는 다를 수 있다는 것이
겠지요."

'넘사벽'이라 여겼던 소니를 앞지른 기쁨에 사로잡힌 후배들에게
필자가 잠시 '찬물'을 끼얹은 셈이 됐다. 그러나 곧 "지금 잘하고 있
지만 결코 자만하면 안 된다"는 선배의 고언苦言으로 받아들이는 그
들이 믿음직스러웠다.

기업의 성과는 여러 가지 기준으로 평가된다. 기업 브랜드에 대한
평가도 하나의 성과나 지표를 가지고 일희일비해서는 안 된다. 종합
적으로 사고하고 판단하는 균형감각이 필요한 것이다.

브랜드력을 평가하는 지표들 중에는 '브랜드 최초 상기도Top of
mind'라는 것도 있다. 예를 들어 전자제품 중 어떤 브랜드가 제일 먼저
떠오르느냐는 질문에 소비자들이 하나의 브랜드를 답하고, 그 비율
을 정리해 발표하는 것으로 한 업종의 최초 상기도를 합하면 100퍼

센트가 된다.

2005년 글로벌 100대 브랜드에서 삼성이 소니를 처음으로 추월했을 당시만 해도, 이 브랜드 최초 상기도에서는 소니가 50퍼센트를 넘는 수치로 1위를 차지했다. 삼성은 불과 10퍼센트 남짓에 불과했다. 회사의 성장률이나 수익성에서는 삼성이 훨씬 잘하고 있었고 이 재무적 성과가 반영돼 인터브랜드의 브랜드 가치에서는 앞섰지만, 소비자들의 마음속에 자리한 브랜드는 여전히 'S.O.N.Y.'였던 것이다. 브랜드가 소비자 마음에 들어가기도 어렵지만, 소비자 마음에 한 번 자리잡으면 당장의 재무적 성과는 좋지 않아도 소비자들로부터의 사랑을 오래도록 받을 수 있는 힘이 있다. 이런 의미에서 브랜드력을 제대로 평가하기 위해서는 관련 지표들의 의미를 짚어보며 여러 각도에서 바라봐야 한다.

오늘날 삼성은 TV와 휴대전화에서 연이어 히트제품을 만들어내며 지속적으로 뛰어난 경영성과를 창출한 결과, 브랜드 인지도를 나타내는 모든 지표에서 괄목할 만한 신장을 이뤄내고 있다. 최초 상기도의 수치는 많은 시장에서 소니와 대등한 결과를 보여주고 있고, 특히 유럽에서는 소니를 큰 차이로 앞서며 명실공히 리딩leading 브랜드로서의 지위를 확보했다. 필자는 최근 삼성 브랜드의 최초 상기도가 얼마나 개선됐는지를 연구·조사하던 중 몇 년 전의 그 후배들 중한 명을 만나게 됐다. 후배는 과거 필자의 쓴소리를 회상하면서, 그동안 삼성이 브랜드력 변화를 여러 관점에서 확인하고 부족한 점을 찾으려 노력해왔다고 설명했다.

이제 브랜드 인지도는 많이 알려져 있으므로 '전자제품 하면 제일 먼저 떠오르는 것이 무엇인가?'(최초 상기도)를 넘어 '전자제품 중에 어느 브랜드를 제일 좋아하는가?'(최고 선호도)에 맞춰 브랜드전략을 짜고 있다고 한다. 이에 따라 삼성전자는 MPSA Most Preferred Single Answer(가장 선호하는 브랜드 하나만 답하는 방법)라는 '최고 선호도 지표'를 개발해 몇 년 전부터 자사의 브랜드 위상을 관리하고 있다. 그의 이야기를 들으며 이제 삼성 브랜드는 '브랜드 인지의 게임'을 넘어 '브랜드 선호의 게임'에 들어가 있다는 생각을 했다.

모든 경영에는 경영이나 전략 수행의 성과를 가늠할 수 있는 명확한 지표가 필요하다. 삼성전자의 브랜드 도입 초창기, 소비자들에게 브랜드를 알리는 것이 회사의 주요 관심사던 시절에는 특정 브랜드를 알고 있는지 여부를 조사하는 보조 인지도 aided awareness와 소비자들이 알고 있는 브랜드를 손꼽도록 설문조사하는 비보조 인지도 unaided awareness가 중요한 관리지표였다. 글로벌 브랜드로의 도약을 꿈꾸던 동안은 선발 경쟁사와의 최초 상기도 비교가 브랜드경영의 주요한 지표가 됐다. 그러나 리딩 브랜드 수준에 도달해 이런 지표들이 변별력이 사라지자 현재의 브랜드 리더십에 걸맞은 새로운 지표가 필요하게 된 것이다. 삼성 브랜드가 앞으로 '가장 선호하는' 브랜드의 게임에서 더 나아가 '가장 충성loyal하는' 브랜드의 게임으로 진화하기를 기대한다.

경영지표를 만들고 활용하는 방법

역설적으로 한 회사가 관리하는 경영지표의 변화를 보면 그 회사 전략의 우선순위는 물론, 시장에서 그 회사의 위치까지 가늠해볼 수 있다. 뒤에서 나오겠지만 필자는 거래처와의 관계 개선사례를 설명하면서 '측정할 수 없는 것은 관리할 수 없다'는 화두를 던졌다. 이와 마찬가지로 사전적인 관리지표가 없이는 전략의 결과도, 경영성과도 효과적으로 관리할 수 없다. 경영의 성패는 어떤 경영지표를 만드느냐에 달려 있다고 해도 과언이 아니다. 경영이 고도화될수록 경영 현안에 걸맞은 정교한 지표가 필요하다.

그렇다면 어떻게 경영지표를 만들고 활용할 수 있을까. 필자가 삼성전자의 글로벌 마케팅팀을 맡고 있던 1990년대 중반, '제값 받기' 전략은 싸구려 제품으로 여겨지던 삼성 제품을 제대로 포지셔닝하기 위한 노력의 일환이었다. 가격을 올려 제값을 받아야 브랜드 이미지를 올릴 수 있지만, 시장의 중저가 브랜드라는 인식을 하루아침에 바꾸는 것은 불가능해 보였다.

가격을 올리면 과거보다 평균단가가 올라갈 것이므로, 처음에는 각 영업단위별 평균 판매가격의 변화로 제값 받기의 성과를 관리했다. 그러나 기존 제품의 가격을 올리지 않아도 고급모델의 판매비중을 늘리면 이 평균가격이 저절로 올라가는 현상이 발생했고, 이것은 제값 받기의 본래 취지와는 다른 것이었다. 이에 'RPI Right Price positioning Index'라는 제값 받기 지수를 개발했다. 이는 단순한 고급품 판매비중의 상승이 평균가격 인상으로 이어지는 것을 막고, 기존 제품의 실제가격 인상만을 제대로 평가할 수 있게 만든 지표였다. 제값 받기 지수를 통해 경영지표 작성과 활용의 시사점을 찾아보면 다음 세 가지로 요약할 수 있다.

첫째, 경영지표와 의도하는 경영의 성과 사이에 인과관계가 있어야 한다. 당시 소비자가격 인상은 유통업체에 마진을 더 줄 수 있어 거래처의 관심이 높아졌고, 판매도 늘어나 시장에서의 제품 위상을 올리는 데 긍정적 역할을 한 것으로 평가됐다. 고급품을 많이 팔아서 생기는 평균가격 인상결과는 배제함으로써, 어렵지만 기존 제품의 가격을 더 받도록 지표를 만들었다.

둘째, 쉽게 이해하고 측정할 수 있어야 한다. 제값 받기 지수는 각 판매 담당자들이 객관적인 시장자료를 통해 스스로 목표 대비 실적을 측정하며 경영목표를 달성할 수 있도록 쉽게 만들어져서 평가의 공정성 시비도 차단할 수 있었다. 즉 측정의 편의성과 객관성 확보가 중요한 것이다.

셋째, 관련 지표들을 통합해서 보고 활용하는 균형감각이 필요하다. 하나의 경영성과를 만들어내기 위해서는, 여러 방면에서 노력이 이뤄져야 하므로 다른 관련 지표들을 종합해 판단하는 것이 중요하다. 이에 따라 제값 받기 지수와 함께 고급·중급·보급품의 비중을 평가하는 '모델믹스 지표'도 보조적으로 사용했다. 닭 한 마리가 운다고 새벽은 오지 않는다.

낮은 브랜드 이미지를
극복하기 위한 네 가지 전략

브랜드 이미지는 마케팅에 있어 중요한 축이다. 기본적으로 고객의 신뢰도가 높은 브랜드는 적은 마케팅활동만으로도 최상의 효과를 올릴 수 있기 때문이다. 후발업체는 선발업체에 비해 많은 부분에서 불리하지만, 특히 브랜드 이미지에서 열세에 처한다. 이미 소비자의 마음과 시장에 공고히 터전을 닦은 선발주자에 대항하기 위해서는, 제품의 실질가치를 어필하기 위한 새로운 돌파구가 필요하다.

유통업체부터 설득하라

브랜드를 만드는 데는 시간이 필요하다. 후발업체가 처음부터 다수의 소비자를 움직이기보다는 소수의 유통업체에 제품의 실질가치를 인식시키며 자기편으로 만드는 것이 상대적으로 쉽고 효율적이다. 제품이 본질에 충실하고 경쟁력만 있다면 유통업체가 대신해 소비자들에게 우리의 제품을 자신 있게 소개할 것이다.

최고와 '정면승부'하라

신대륙 와인으로 저평가됐던 칠레의 '에라주리즈'는 2004년 유럽 최고의 와인 전문가들을 초대해 블라인드 테이스팅을 진행했다.[49] 그 결과 이 회사의 고급 와인인 '차드윅' 2000년산이 와인 본고장의 다른 쟁쟁한 와인들을 물리치고 1위를 차지했다. 한 병에 200달러에 불과한 에라주리즈가 1000달러가 넘는 프랑스 와인들을 누른 이 사건은 1976년 캘리포니아 와인이 프랑스 와인에 도전해 성공했던 '파리의 심판'에 비견된다. 이후 2009년 와인비평계의 신으로 불리는 평론가 로버트 파커Robert Parker가 에라주리즈의 비녜도차드윅 2006년산에 97점을 매겼는데, 이러한 평가에 힘입어 2003년 1600만 달러였던 수출규모가 2009년 5300만 달러로 늘어났다.

시장에서 최고로 자리한 제품과의 정면승부는 후발업체가 주로 사용하는 전략이다. 브랜드 인지도는 낮지만 품질 면에서는 결코 타 제품에 뒤처지지 않는다는 사실을 부각시키기 위해서 이러한 전략을 사용하는 것이다. 예를 들어 새로운 음료수가 출시될 경우, 많은 기업들이 거리에서 블라인드 테이스팅을 진행하곤 한다. 여러 제품을 소비자가 직접 맛보고 비교하게 해, 자사 제품이 지닌 맛의 우수성을 알리려고 하는 것이다. 하지만 블라인드 테이스팅을 통해 맛의 차이가 없다는 사실을 인지한 소비자라고 하더라도, 그 맛이 월등히 뛰어나지 않은 이상 기존의 선호제품을 잘 바꾸지 않는다. 또 전문가의 평가가 수반되지 않은 결과는 신뢰도를 얻는 데도 부족한 감이 있다. 그렇기에 최고와의 정면승부는 공신력 있는 전문가나 매체를 통해 진행하는 편이 좋다.

전문 평가기관을 활용하라

공인된 평가기관이나 전문잡지의 제품 평가는 영향력이 크다. 브랜드 인지도가 미약하던 시절, 과거 삼성전자가 취했던 전략도 전문가 활용이었다. 제품의 품질을 인정받기 위해 미국의 컨슈머리포트 Consumer Report의 공식 제품 분석결과나 제품별 전문잡지의 테스트 리포트를 적극 이용했다. 소비자들이 느끼는 브랜드 가치가 낮을수록 제품의 실질가치가 높다는 사실을 공신력 있는 제3자를 통해 입증하는 것이 효과적이다.

약점은 숨기고 강점은 살려라

신흥 브랜드가 경계해야 할 것 중에 원산지 패러독스provenance paradox가 있다.[50] 아무리 질이 높더라도 전통적인 생산지에서 만들지 않아서 소비자의 외면을 받는 현상이다. 이처럼 제품의 어떤 요소가 약점으로 작용할 경우, 과감히 감추는 것도 좋은 전략이 될 수 있다. 멕시코산 맥주 브랜드인 코로나는 원산지를 감추고 '태양, 해변' 같은 이미지를 강조함으로써 이를 극복한 대표적인 사례다.

약점을 철저히 숨긴다는 것은 반대로 강점을 부각시킨다는 의미이기도 하다. 이른바 강점 혁명이다. 강점 혁명과 관련해 눈여겨볼 설명이 있어 옮겨본다.

"자기계발은 약점을 보완하는 것으로 인식하는 사람들이 많다. 말을 잘 못하니 웅변학원에 다니고, 글을 잘 못 쓰니 표현력을 기르려고 한다. 가장 성과가 약한 일에 가장 많은 시간과 돈을 투자하는 꼴이다. 자기계발은 자신의 강점을 발견하고 집중적으로 활용함으로써 스스로를 차별화시키는 것이다."[51]

이를 비즈니스에 대입해 설명해보면, 제품이나 서비스가 지닌 약점은 분명 보완이 필요하겠지만, 강점을 집중적으로 계발하고 알리는 전략 역시 필요하다는 뜻이다. 자칫 약점에만 집중하다보면 제품이나 서비스가 지닌 탁월한 강점을 제대로 어필하지 못할 수도 있기 때문이다.

당신의 브랜드 가치를
어떻게 높일 것인가?

브랜드 가치는 기업이 아닌 고객에 의해 결정된다.

사자는 아무리 배가 고파도
썩은 고기는 먹지 않는다

성장 관리

매년 추수감사절 다음날인 11월 넷째주 금요일엔 미국 유통매장마다 쇼핑객이 길게 줄을 선다. 많게는 50퍼센트까지 할인해 파는 연중 최대 세일행사가 시작되기 때문이다. 추수감사절 다음날이 금요일이고, 많은 사람이 몰린 덕에 적자가 나던 가게들도 흑자로 돌아선다고 해서 이날을 '블랙 프라이데이Black Friday'라고 부른다. 이 기간엔 수많은 가격파괴 제품들이 쏟아지는데, 2012년에도 한 대만업체가 60인치 LCD TV를 1000달러 초반대의 가격으로 판매하는 '반값 TV' 이벤트를 기획했다.

대형할인점 같은 유통업체는 제조업체에 대규모 물량의 가격파괴 제품을 제안해 고객유인 제품traffic item으로 활용한다. 유통업체 입장에서는 시장의 관심을 끌어 고객을 모으는 것이 목적이기에 얼마나 이익을 남기는가는 고려대상이 아니다. 문제는 제조업체다. 소비자 선호도가 높은 브랜드들은 굳이 이런 기획제품을 판매할 이유가 없지만, 시장 기반이 없거나 인지도가 약한 브랜드는 한꺼번에 많은 물량을 판매할 수 있어 거절하기 힘든 달콤한 유혹이다.

대량구매도 거절한 삼성과
판매 관리에 실패한 보졸레

필자가 미국에서 새로운 유통채널을 구축하고 있을 때 삼성에도 제안이 왔다. 한 대형할인점에서 DVD플레이어를 당시 시장가격의 절반 수준에 맞춰주면 50만 대를 구매하겠다는 것이다. 워낙 물량이 커서 많은 고민이 필요했다. 판매가격은 낮지만 대량생산을 하면 그만큼 원가가 낮아질뿐더러, 그 할인점은 유통마진을 거의 취하지 않을 예정이어서 우리의 이익도 괜찮은 편이었다. 하지만 미국시장에 본격 진출을 앞둔 민감한 시기였기 때문에 내부적으로 첨예한 논란이 빚어졌다.

"눈 질끈 감고 팝시다. 아직 유통채널이 구축되지도 않았는데, 어때요?"

"안 됩니다. 이래서는 우리가 미국에 자리잡을 수 없어요."

"소니도 팔지 않습니까? 우리는 왜 안 됩니까?"

"소니는 이미 모든 유통채널에 자리를 잡았고, 할인점에 파는 건 한철 지난 제품을 저가에 처리하는 겁니다. 우리와는 상황이 많이 다르지요."

할인점과 특별거래special deal를 하게 되면, 당시 공들이고 있던 베스트바이나 서킷시티Circuit City 같은 대형 유통업체가 아예 상대조차 해주지 않을 것이라며 현지 영업간부들은 고개를 저었다. 필자 역시 같은 생각이었다. 본사도 정도正道 마케팅과 '제값 받기'에 대한 의지가 강해 그 유혹을 이겨낼 수 있었다. 사자는 아무리 배가 고파도 '썩은 고기'는 먹지 않는 법이다.

시장에서 바람직한 위상을 확보하기 위해서는 가격전략과 유통전략을 좀더 긴 안목과 호흡으로 보는 것이 필요하다. 시장에서 한번 신뢰를 잃으면 회복하는 데 많은 시간이 걸린다. 가격파괴 제품으로 이익을 올린다 하더라도 순간의 성공일 뿐, 소비자로부터 저가품으로 인식되면서 브랜드 이미지를 스스로 갉아먹는 족쇄가 된다.

이것은 '양적 성장'과 '질적 성장' 사이의 고민이기도 하다. 이익만 난다면 어떤 유통업체에나 물건을 공급하는 식으로 성장을 추구할 것exploitation(단기성과 극대화)인지, 아니면 시간이 걸리더라도 제대로 된 유통채널과 관계를 맺고 브랜드를 관리하며 미래를 준비할 것exploration(장기적 기회 모색)인지가 문제다.

수출과 경제성장이 최고의 가치이던 시절, 많은 회사가 고민에 빠졌다. 'OEM으로라도 우선 매출을 올려야 하는가'와 '힘들더라도 자가 브랜드로 수출해야 하는가'가 쟁점이었고, 지금도 많은 중소업체의 골머리를 앓게 하는 고민이다. 1990년대 몇몇 회사는 OEM으로라도 수출을 극대화하는 것에 무게를 뒀는데, 삼성과 LG는 전사의 역량을 모아 자가 브랜드 수출에 주력했다. 오늘날 두 회사가 세계 전자시장을 주도하고 있는 것이 그때의 결단과 결코 무관하지 않을 것이다.

삼성과 LG의 사례가 장기적 기회 모색의 좋은 예라면 단기성과 극대화와 관련된 아쉬운 사례로는 '보졸레누보'를 들 수 있다. 매년 11월이 되면 전 세계 와인 애호가들이 손꼽아 기다리는 날이 있다. 11월 셋째주 목요일, 바로 보졸레누보가 출시되는 날이다. '햇포도주의 신선한 맛'을 강조하면서 전 세계인이 같은 날 동시에 그해 생산된 첫 와인을 맛볼 수 있게 하는 이 이벤트는, 마케팅에서 좋은 성공사례로 평가받고 있다.

보졸레와 관련해, 필자에겐 인상적인 기억 세 가지가 있다. 먼저 1991년의 러시아 모스크바에서 있었던 일이다. 소련이 해체되면서 가장 큰 이슈로 떠오른 것이 국민들의 생계였다. 먹을거리가 절대적으로 부족해지면서 동네 빵집마다 어떻게든 빵을 구입하려는 사람들의 줄이 길게 늘어섰다. 필자가 모스크바를 찾았을 때는 마침 보졸레누보가 출시되던 주였고, 그에 맞춰 리츠칼튼호텔에서 보졸레누보 파티를 개최하고 있었다. 한쪽에서는 먹고살기 위해 빵을 사려는 사람들이 각축전을 벌이는데, 한쪽에서는 여유롭게 와인을 즐기는 모습을 보자니 그 간극이 씁쓸하기도 하고 그만큼 막대한 보졸레의 영향력에 놀라기도 했다.

그리고 1993년 봄, 독일에서 근무하던 필자가 귀국해보니 서울의 한 초특급호텔에서 '보졸레 스페셜'을 진행하고 있었다. 11월이 아닌 5월에 보졸레 파티라니, 당시 우리나라에는 보졸레누보가 거의 알려지지 않았기에 생길 수 있었던 해프닝이었다. 그러나 2년 후인 1995년, 필자가 서울로 돌아왔을 때는 모든 특급호텔에서 보졸레누보 입하를 대대적으로 홍보하며 관련 이벤트를 진행하고 있었다. 불과 2년 사이에 보졸레 열풍이 한국을 휩쓴 것이다. 인기는 10년 가까이 지속됐다.

그런데 2010년의 어느 날, 보졸레누보를 사려고 와인 전문점을 갔다가 격세지감을 느꼈다. 점장이 말하길 "요즘 누가 그걸 먹습니까? 저희는 취급 안 한 지 좀 됐어요. 요즘은 편의점에서나 팔걸요?" 하는 것이다. 실제로 편의점에 가서 보니 매장 한편에 보졸레누보가 값싼 와인들과 함께 진열돼 있었다. 91년 모스크바의 리츠칼튼호텔, 93년 서울의 한 초특급호텔, 95년 서울의 모든 특급호텔들, 그리고 2010년의 편의점. 일련의 기억들을 하나로 훑으면서 여러 가지 생각이 들었다.

무엇이 불과 몇 년 사이에 '특급호텔 와인'을 '편의점용 와인'으로 만들었을까. 와인업계에서는 전 세계 어느 곳보다 뜨겁게 불던 한국 시장에서 보졸레의 퇴조요인으로, 칠레 와인의 수입 증가나 와인 애호가들의 입맛 변화를 든다. 그러나 이런 시장 변화로만 이유를 설명하기엔 부족함이 있다. 보졸레 특유의 그해 포도주맛을 미리 알아볼 수 있는 햇포도주로서의 가치는 변함이 없다. 11월 셋째주 목요일, 전 세계 와인 애호가들이 "보졸레누보 도착했어요Le beaujolais nouveau est arrivé"를 외치는 것도 그대로다.

한국시장에서의 퇴조원인은 당장의 성과에 취해 성장 관리에 소홀했던 데서 찾아야 한다. 보졸레의 한국시장에 관련된 당사자들이 수요가 많다고 무조건 팔기만 할 것이 아니라, 수요가 있더라도 판매를 조절하며 제품의 가치를 유지하고 브랜드를 관리했다면 지금의 위상은 달라졌을 것이다.

보졸레에도 등급이 있다. 1937년에 제정된 '보졸레 A.O.C'와 한 단계 위의 '보졸레 쉬페리외르Supérieur A.O.C', 그리고 1950년에 제정된 고급 보졸레인 '보졸레 빌라주Villages A.O.C.'가 그것이다. 그러나 유통의 입장에서는 높은 운송비 부담에다 값싸고 질 좋은 신대륙 와인과 경쟁하려다보니, 빌라주급의 고급 보졸레는 제대로 소개하지 않고 중저급 보졸레만 수입·판매했다. 결국 고급화되는 와인 애호가들의 취향을 따라가지 못한 것이다. 그리고 생산 측면에서는 보졸레 생산자들이 와인을 최대한 빨리, 많이 공급하기 위해 무리하게 생산량을 늘리다보니 품질 관리에 미흡한 점도 있었다. 이런 그릇된 성장으로 소비자들과 유통의 외면을 받게 되면서 국내의 보졸레 열풍이 다른 나라보다 훨씬 빨리 하락세로 돌아선 것이 아닌가 한다.

이런 중에도 제대로 된 보졸레를 소개하려는 한 와이너리의 노력이 돋보인다. 프랑스 부르고뉴 와인의 명가 '루이 자도Louis Jadot'는 보졸레 생산도 기계 수확을 배제하고 100퍼센트 손으로 수확, 세심한 선별과정을 거쳐 빌라주급의 보졸레를 생산하고 있다. 특히 필터링 과정을 거치지 않은 최고급 빌라주급 '블랙 라벨 보졸레' 와인을 한정 생산해 보졸레의 범람 속에서도 나름대로의 위상을 유지하려 노력하고 있다. 머지않아 이런 노력들이 결실을 맺어 우리나라에서도 11월 셋째주 목요일을 기다려 성대한 보졸레누보 파티가 다시 시작되기를 기대한다.

많은 기업들이 '성장하기'에 골몰하지만, 성장을 하는 것보다 성장을 어떻게 관리하느냐가 더욱 중요하다. 성장 관리란 단기적으로 성장의 기회가 있다고 무조건 성장하지 않고, 기업이 감당할 수 있는 수준의 성장을 위해 '숨을 고르는 일'이다. 지속적인 성장을 꿈꾸는 기업들은 단기성과 극대화와 장기적 기회 모색 사이의 균형점을 어떻게 찾을 것인가를 고민해야 한다.

생존과 성장, 두 마리 토끼를 잡으려면

'단기성과 극대화'가 기존 역량을 활용해 당장의 이익을 추구하는 생존전략이라면, '장기적 기회 모색'은 좀더 긴 호흡으로 새로운 시도와 투자를 통해 성장하는 전략이라고 할 수 있다.

두 전략 중 어느 하나만이 정답일 수는 없다. 오늘을 살아남아야 내일을 기약할 수 있는 기업환경에서, 언제 올지 모르는 보랏빛 미래를 위해 단기성과를 포기하고 질적 성장과 브랜드 선행 투자만 외치는 것은 현실적이지 못하다. 오늘날 세계적 기업으로 성장한 초일류 브랜드들도 어느 정도의 규모를 갖출 때까지는 생존게임을 벌여왔다. 양(생존)이 없다면 질(성장)도 불가능하다.

양이 없다면 질도 불가능하다

많은 기업이 초반에는 효율 극대화를 통한 재무성과를 기준으로 사업을 진행한다. 투자 대비 수익률(ROI)을 올릴 수 있는 곳에 현재 가지고 있는 자산과 역량을 집중한다. '기존 역량의 활용'이다. 그리고 회사가 일정 규모 이상으로 성장하면 좀더 혁신적이고 미래에 도움이 되는 경영활동인 '새로운 시도' 쪽으로 무게중심을 옮겨간다.

사업에 새롭게 진출하는 제조기업이 기존 역량을 살려 다양한 방식으로 생산하고 상품을 판매하며 양적 성장을 이루는 것도 생존방법이다. 자체 브랜드도 중요하지만, OEM이나 ODM(제조업자 개발·생산방식)을 통해 제조 경험을 축적해나갈 필요가 있다. 또 유통업자 브랜드private brand 생산을 통해서 유통업체와 협업 경험을 쌓는 것도 방법이다.

반면, 이미 어느 정도 양적 성장을 이룬 기업이나 대담한 비전을 가진 기업은 좀더 미리 미래를 준비해두는 게 좋다. 가장 중요한 것은 매출 확대에만 집착하지 말고 성장을 관리하며 회사가 추구하는 가치가 훼손되지 않도록 하는 것이다. 유통업체와 거래할 때도 조금 이익이 된다고 해서 거래처를 바꾸는 일은 삼가는 등, 해야 할 것과 하지 않을 것을 분명히해 기존 유통업체와 신뢰를 지켜야 한다. 미래를 내다보면서 앞서서 투자하고 늘 혁신하는 문화를 유지하는 것도 중요하다.

160
적의 칼로 싸워라

'파는 사람'이 없다면 '사는 사람'도 없다

풀전략과 푸시전략

필자가 삼성전자 미국법인의 가전부문 책임자로 부임했을 때, 미국 법인은 당시 최고의 광고회사를 광고대행사로 두고 삼성의 브랜드 위상을 높이려는 노력을 활발히 전개하고 있었다. 뉴욕 시내에도 꽤 여러 개의 삼성 브랜드 옥외광고판을 설치했고, 신문에도 신제품 광고를 의욕적으로 펼치고 있었다. 그러나 문제는 정작 소비자가 삼성의 제품을 사고 싶어도 판매하는 매장을 찾기가 쉽지 않다는 것이었다. 어느 전자제품 매장에 한 고객이 삼성TV 신문광고를 들고 찾아갔다.

"신문광고에 나온 이 제품을 사고 싶은데요."

"손님, 그 제품 별로라서 우리는 취급도 안 해요. 이름도 없는 그

제품을 왜 사려고 하세요? 그것 말고 그것보다 더 좋은 다른 제품을 추천해드릴게요."

멋있는 광고에 '필feel'이 꽂힌 삼성의 그 충성고객은 한두 군데 매장을 더 방문했지만, 광고에 나온 삼성 제품을 찾지 못하고 결국 판매원들이 추천하는 다른 회사 제품을 사고 마는 안타까운 상황이 벌어졌다.

삼성전자가 1990년대 중반 대규모 이익을 내기 시작하면서 제일 먼저 시작한 것이 브랜드 인지도 제고를 위한 광고였다. 하지만 그때만 해도 미국시장에서 삼성전자는 무명의 브랜드였고 유통망도 제대로 구축돼 있지 않았다. 그런 상황에서 상품광고를 앞세우는 전략을 구사했기 때문에 이런 웃지 못할 사태가 벌어진 것이다. 필자는 우선적으로 기존의 광고를 모두 중단하기로 했다. 광고나 브랜드 전략이 제대로 먹히기 위해서는 유통망을 제대로 구축하는 것이 더시급한 과제라고 판단했기 때문이다.

유통채널을
홍보채널로 활용하라

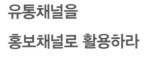

마케팅에서 브랜드 인지도를 올리기 위한 광고는 대표적인 '풀pull전략'이다. 마케팅의 주요전략으로는

풀전략과 푸시push전략이 있는데, 이중 어느 전략을 구사할지는 마케팅 대상을 누구로 하느냐에 따라 갈린다.

풀이 소비자를 대상으로 한 전략이라면, 푸시는 유통채널을 중심에 둔 전략이다. 풀전략은 광고나 기타 마케팅수단을 통해 브랜드 이미지를 높인다거나 제품의 가치를 매력적으로 만들어 소비자의 구매를 유도하는 것이다. 반면 푸시전략은 유통업체의 마진을 올리거나 판매원의 인센티브를 높게 책정함으로써 유통업체가 소비자에게 적극적으로 판매하도록 독려하는 것이다.

흔히 풀전략이 푸시전략보다 좀더 차원이 높은 마케팅전략으로 이해되기도 하고, 풀전략의 경지에 오른 회사는 브랜드 인지도가 높다고 자타가 인정하고 있다. 하지만 제아무리 소비자가 물건을 구매하려고 해도, 파는 사람이 없다면 무슨 소용이겠는가. 당시 상품 인지도가 낮은 우리에게 시급했던 것은 소비자를 중심에 둔 광고 위주의 풀전략이 아닌 유통채널을 중심에 둔 푸시전략이었다.

푸시전략은 단순히 유통채널에 더 많은 인센티브를 주는 일이 아니다. 그보다는 유통채널을 우리 제품의 '홍보채널'로 활용하는 일이라고 할 수 있다. 부족한 인지도를 판매원의 홍보를 통해 만회하는 전략이라고도 할 수 있다. 만약 매장에 우리 제품이 들어가 있고, 판매원에게 우리 제품을 팔 이유(높은 마진과 인센티브)가 주어졌다면, 앞의 사례와 반대의 상황이 일어났을 수 있다. 경쟁사의 잘나가는 특정 제품을 구매하기 위해 찾아온 소비자에게 판매원은 이렇게 이야기할 것이다.

"아, 손님. 좋은 (경쟁사) 제품 사러 오셨네요. 이 제품, 우리 가게에서도 한때 잘 팔렸었지요. 그런데 요즘 이것보다 더 인기 있는 (삼성) 제품이 있는데 한번 보시겠어요?"

그러면 웬만한 소비자는 이렇게 답할 것이다.

"그게 뭔데요? 한번 봅시다."

유통업체의 판매원들이 소비자들에게 상품을 권하는 유형은 대개 두 가지 중 한 가지다. 두 개의 제품이 기능이나 품질은 비슷한데, 판매원이 홍보하는 제품의 브랜드 인지도가 낮고 가격은 저렴한 경우엔 "손님, 성능과 디자인은 비슷한데 가격이 더 낮은 제품이 있습니다. 이 모델 어떠세요?"라며 권할 것이다. 만약 경쟁사와 가격은 비슷하면서 품질은 훨씬 좋다면, "손님, 같은 가격에 더 좋은 성능과 디자인을 구비한 제품도 있습니다. 바로 이 제품입니다"라고 설명할 것이다.

하버드 경영대학원의 마이클 포터 교수는 논문 「전략이란 무엇인가?」에서 "경쟁사를 이기는 방법은 고객에게 경쟁사보다 (같은 가격에) 더 많은 가치greater value를 제공하거나, 비슷한 가치comparable value를 더 싼 가격lower cost에 만들어내는 것"[52]이라고 설명했는데, 매장에서 판매원들이 소비자를 설득할 때도 이 논리가 그대로 적용되는 것이다.

그러면 도대체 어떻게 해야 유통업체들이 제조업체를 대신해서 이런 역할을 할 수 있을까.

기업의 '고객'은 최종 소비자뿐만이 아니다. 소비자에게 제품을 제대로 연결해주는 유통채널 역시 기업의 중요한 고객이며, 시장 진입 초기 기업일수록 더욱 그렇다. 그렇기에 처음 시장에 진입하는 기업들은 좋은 유통 파트너를 어떻게 우리 편으로 만들 것인지, 즉 유통채널을 대상으로 한 푸시전략에 더 많은 관심을 가져야 한다. 물론 푸시전략만 갖고 언제까지나 지속적인 성과를 올릴 수는 없을 것이다. 제품이 시장에서 자리잡은 다음에 차별화된 마케팅이 필요하게 되면 기업들은 푸시전략과 풀전략을 어떻게 조화롭게 펼칠지도 고심해야 한다.

후발업체가 '파는 사람'을 자신의 편으로 만드는 방법

시장 진입 초기의 업체는 인지도가 낮아서 웬만큼 좋은 제품을 만들더라도 제대로 판매하기가 쉽지 않다. 스스로 알아서 사러 오는 고객은 거의 없고, 다른 제품을 선호하는 고객에게 전환 판매를 하기도 쉽지 않은 탓이다. 따라서 불특정 다수의 소비자를 상대로 전략을 구사하기보다는 유통업체를 우리 편으로 만드는 것이 더 빠르고 경제적인 진입전략이 될 수 있다. 유통업체를 자사의 홍보채널로 이용하기 위해서는 다음과 같은 세 가지 전략이 필요하다.

유통업체에 대한 정책에 일관성을 가져라

유통업체들이 소비자들에게 힘들여 브랜드를 소개해준 결과가 헛되지 않을 것이라는 확신을 줘야 한다. 자사의 유통정책과 맞지 않는 거래처에서 대단한 물량의 주문이 오더라도 거절할 수 있는 자제력이 필요하다. 유통채널을 확대할 경우에도 기존 거래처와의 신뢰에 손상이 가지 않도록 유통채널 관리에서 우선순위와 원칙이 중요하다.

유통마진을 탄력적으로 운영하라

소비자가 사러 온 제품이 아닌 다른 제품을 팔기 위해서는 판매에 많은 시간이 소요될 수밖에 없다. 이를 보상하기 위해서는 경쟁사보다 높은 마진을 유통업체에 확보해줘야 한다.

삼성전자는 브랜드 열세로 낮은 가격으로 팔 수밖에 없었던 시장 진입 초기에 전사적인 제값 받기 캠페인을 통해 경쟁사에 근접하는 수준까지 소비자가격을 책정했고, 이를 통해 제품의 위상도 높이면서 유통채널에 상대적으로 높은 마진을 줄 수 있었다. 삼성의 '제값 받기'는 유통마진을 좀더 주더라도 경쟁사 가격보다 싸게 받지 말자는 리포지셔닝repositioning 캠페인이었다.

현장과 소통하라

신제품을 잘 설명할 수 있도록 제품정보, 외부기관의 평가자료, 그리고 언론매체에 게재된 광고나 홍보자료 등을 실시간으로 제공하며 유통업체의 판매원들을 교육하는 것이 효과적이다. 실제로 성과를 잘 내는 회사들은 직원들이 주요 유통현장을 자주 방문해 정보들이 제대로 활용되고 있는지 점검도 하고 판매원들의 현장 이야기도 청취하고 있다.

이러한 현장경영은 비단 유통업체와의 관계에서뿐 아니라 전반적인 경영에서도 필요한 부분이다. 일본의 세계적인 위생업체 유니참ユニ·チャーム의 창업주인 다카하라 게이치로는 현장주의의 전도사로 불린다. 2004년 상반기부터 일본 제조업이 빠른 속도로 경기를 회복한데는 '현장주의로의 회귀'라는 패러다임이 있었는데, 그 최선봉에 게이치로 회장이 있었다. 그는 저서 『현장이 답이다』에서 기업이 무한경쟁시대에서 살아남는 노하우로 현장경영을 제시한다.

"현장을 관찰하는 힘, 현장을 느끼는 힘, 현장을 체험하는 힘, 현장으로 되돌아가는 힘…… 성장의 근본은 이러한 '현장의 힘'이다. 세계에서 손꼽히는 생산기술의 대부분은 바로 '현장의 힘'에서 나왔다."[53]

그는 현장을 직접 보고 경험하지 않으면, 결코 제대로 된 제품을 만들 수도, 좋은 서비스를 제공할 수도, 궁극적으로 성공적인 경영을 할 수도 없다고 주장한다. 그의 말에 빗대 설명하자면 현장을 모르고서는 유통업체와 제대로 관계를 맺기도, 원활하게 사업을 운영하기도 어려운 셈이다.

마케팅에 있어 균형감각이 중요하다는 말은, 회사가 처한 상황이나 시장의 흐름에 따라 마케팅전략이 달라져야 한다는 뜻이다. 더불어 마케팅을 진행하는 데 있어 '어떻게'뿐 아니라 '언제'와 '누구에게'를 같이 고려해야 한다는 뜻이기도 하다. 마케팅에서 풀전략과 푸시전략은 자동차의 두 축과 같다. 한 축은 끌어주고 한 축은 밀어주는 역할을 해야 한다. 마케팅의 진행단계에 따라 풀전략과 푸시전략의 강도가 다를 수 있다. 유통과의 관계, 제품의 라이프사이클, 브랜드 인지도 등에 따라 풀과 푸시를 적절히 구사해야 한다.

당신의 고객은 누구인가?

마케팅의 대상엔 소비자뿐 아니라
유통채널도 포함된다.

'삼성 재발견 한국여행'이 가져온 것

문화 마케팅

"어제 밤늦게까지 우리 집사람한테서 한국의 전통문화에 대한 이야기를 들었어요. 박물관에서 본 한국의 문화유산이 매우 흥미롭고 인상적이었다고 하던데, 오늘 공장 방문일정 후에 우리 남자들도 박물관에 좀 가볼 수 있나요?"

필자가 삼성전자 미국법인에 근무하던 시절, 미국 전자업계의 리더들을 초청해 함께 본사를 방문했을 때의 이야기다. 우리나라에 IMF 외환위기가 터진 지 1년 후로, 그때만 해도 우리나라의 국제적 위상이 높지 않았다. 가격경쟁력에 기반한 저가제품 수출이 주류를 이룰 때였기 때문에, 해외 구매 담당자의 방한은 잦았지만 유력 기업인들을 초대하기도 쉽지 않았고, 설사 온다고 하더라도 여러 날을 붙잡아두기는 더욱 어려웠다. 우리가 목표로 하는 유통업체의 최고 경영자들과 오피니언리더들에게 우리의 비전과 회사의 잠재력을 보여주기 위해 '삼성 재발견 한국여행Explore Samsung! Korea Tour'을 기획했는데, 그들은 우리가 당초 제시했던 일정 중에 국립박물관, 호암미술관 등의 일정은 빼고 공장과 신제품만 보겠다며 최소한의 기업 방문 일정을 주문했다.

하지만 필자는 이들에게 공장의 시설과 개발중인 제품을 보여주는 것 이외에, 우리 선조의 지혜가 깃든 문화유산을 통해 우리의 가능성도 함께 보여주고 싶었다. 언젠가 국보 133호인 '청자진사연화문표형주자青磁辰砂蓮華文瓢形注子' 복제품을 받고 감탄하던 거래처 부인의 모습을 떠올리며 부부 동반으로 일행들을 초청하기로 했다. 부인과 같이 여행을 오게 하면 아무래도 좀더 여유롭게 머물 수 있어 우리와 더 많은 시간을 보낼 수 있을 것이었다. 더불어 남편들이 회사를 방문하는 동안 부인들에게 우리 문화유산들을 접하게 해주면, 그런 경험이 언젠가 남편들에게도 전달될 수 있지 않을까 하는 생각도 있었다.

즉 필자는 간접적으로라도 우리 문화를 통해 한국회사의 잠재력을 보여주고 싶었다. 다행히 전날 박물관을 방문했던 부인들로부터 우리 문화유산에 대한 이야기를 전해듣고는 일정을 다시 바꿔 자기들도 박물관에 데려가달라는 것이 아닌가.

우수한 문화자산은
곧 강력한 마케팅수단

서울에서 해외로 출장을 갈 때나, 해외 주재중에 서울로 출장을 왔다가 돌아갈 때 언제부터인가 필자의 손에는 항상 도자기나 민속품이 들려 있었다. 해외 거래처들에게 의례적으로 건네는 인삼이나 술 한 병보다는 비록 복제품이었지만 정성스레 가슴에 안고 간 고려청자나 기마상 토기를 모두들 더 고맙게 여겼다. 그리고 그것이 무엇인지를 묻는 거래처들에게 우리의 문화에 대해 설명하는 것이 마냥 자랑스러웠다. 우리 것의 아름다움을 설명해주다 필자 자신도 알지 못하고 지나쳤던 선조들의 지혜를 깨우친 것은 큰 축복이었다.

한동안 필자에겐 '남의 집 잔디가 더 푸르게' 보였던 게 사실이다. 서양의 대규모 석조건물과 이국적인 느낌의 미술품과 조각품을 보면서 서양의 문화를 동경했다. 여러 해 해외생활을 한 뒤에야 고려청자의 조형미와 색깔의 우아함에 더해 상감象嵌과 진사辰砂기법이 당시로는 얼마나 하이테크였던 것인지, 한옥의 아름다움 속에 얼마나 많은 삶의 지혜와 과학이 녹아 있는지를 깨달을 수 있었다. 이처럼 거래처들에게 줄 제대로 된 선물을 사러 다니면서 우리의 민예품이나 국보급 유물의 복제품들을 접하게 됐고, 그 선물들의 가치를 제대로 설명해주기 위해 강력한 스토리텔링을 준비하곤 했다.

그 과정에서 필자는 한국적 조형미뿐 아니라 그 이면에 있는 생활의 지혜와 과학에도 관심을 가졌다. 그리고 자연스레 선조들의 디자인 역량과 기술을, 우리가 만들 제품의 우수함과 연결시켰으면 좋겠다는 생각도 하게 됐다. 고 정주영 회장은 영국의 투자자에게 500원짜리 지폐에 그려진 거북선을 보여주며 "우리는 영국보다 300년 앞선 16세기에 철갑선을 만들었소. 산업화는 늦었지만 우리의 잠재역량은 그대로 있소"라며 우리가 좋은 배를 만들 능력을 가지고 있음을 설득하지 않았던가.[54]

'삼성 재발견 한국여행'에 참가했던 열두 명의 오피니언리더들이 미국으로 돌아가서 낸 입소문들은 한국제품에 대한 미국업계의 인식을 바꾸는 데 결정적 기여를 했다.

"한국 방문을 통해 삼성의 진면목을 본 것은 큰 행운이었다. 삼성은 한국이 가지고 있는 오랜 역사와 문화에 깃든 '창조의 DNA'를 큰 자산으로 삼아 디지털시대의 새로운 강자로 태어날 준비를 하고 있었다. 삼성은 더이상 '다크호스'가 아니라 우리가 '베팅해야 할 우승후보'이다."[55]

그들은 방한중 여러 박물관과 고궁에서 직접 보고 들은 한국의 독창적인 문화유산을 통해 우리의 창조적 역량과 가능성을 본 것이다.

고객의 심리를 꿰뚫고 그 심리에 부합하는 제품이나 서비스를 제공하는 것이 고객과의 소통경영을 위한 출발이라면, 고객의 감성을 자극하는 홍보와 마케팅으로 그들의 마음을 사는 것은 소통경영의 완성이다. 삼성 재발견 한국여행은 한국문화를 활용해 마케팅을 다룬 사례로, 요즘 기업들이 흔히 하는 문화 마케팅과는 다소 다른 이야기지만, 이와 더불어 문화 마케팅의 중요성은 아무리 강조해도 지나침이 없다.

문화 마케팅이란 기업이 문화를 마케팅전략에서의 핵심적인 수단으로 활용하는 것을 의미한다. 크게 두 가지로 나누면 기업이 공연, 전시회 등 각종 문화행사를 후원하거나 주최하는 경우와 광고나 홍보에 문화를 활용하는 경우를 들 수 있다.

호주의 AFCH와 아더앤더슨컨설팅Arthur Anderson Consulting이 발표한 보고서에 따르면 기업의 문화 마케팅은 다음과 같은 효과를 거둘 수 있다고 한다.[56]

첫째, 사회적으로 바람직한 기업이라는 인식을 줄 수 있다. 이는 기업이 영리사업이 아닌 음악회나 전시회 같은 문화사업에 비용을 투자함으로써, 소비자에게 긍정적인 이미지를 심어줄 수 있다는 뜻이다. 필립스는 동대문과 남대문의 조명시설을 개선하는 프로젝트에 동참했는데, 한국 문화재에 관한 관심과 지원을 통해 호의적인 이미지를 형성하는 현지화 문화 마케팅전략이었다.

둘째, 조직원의 생산성 향상과 창의성 증대를 꾀할 수 있다. 문화를 마케팅에 접목하려는 시도는 융·복합경영의 일환으로, 조직원에게 창조의 영감을 불어넣을 수 있다. 홍보의 장이 넓어짐으로써 그만큼 생각의 무대도 넓어지는 것이다.

당대 최고의 마케팅 대가인 필립 코틀러Philip Kotler는 오늘날 마케팅 3.0시대의 소비자들은 기업이 무엇(제품)을 만드느냐가 아니고 기업이 무엇(핵심가치)에 신경쓰느냐에 관심이 있다고 주장한다.[57] 문화 마케팅은 기업이 문화에까지 관심을 기울이고 있음을 알림으로써 고객의 마음을 산다는 점에서 마케팅 3.0시대에 부합하는 소통경영이라고도 할 수 있다.

문화 마케팅의 선순환을 부르는 세 가지 법칙

오늘날 기업들의 문화 마케팅이 큰 주목을 받고 있다. 이는 문화나 예술을 지원하는 '메세나Mecenat' 활동뿐 아니라 문화 콘텐츠를 기업의 제품이나 서비스와 자연스럽게 연결시켜 브랜드에 대한 우호적인 이미지를 형성하고, 고객에게 제공되는 감성의 가치를 극대화하는 마케팅을 말한다. 이러한 문화 마케팅의 선순환을 위해서는 단순히 개인이나 기업의 노력만으로는 어렵다.

문화후원 생태계의 조성이 필요하다

기업(가)의 메세나활동은 문화강국을 만드는 데 많은 역할을 하고 있는데, 민간 주도의 활동이야말로 국격을 높이는 지름길이다. 좋은 문화 소비자가 되기도 해야 하지만 문화를 사랑하는 많은 후원자가 필요하다. 하이든에게 에스테르하지가의 후원이, 쇼팽에게는 로스차일드가의 후원이 있었듯이 우리나라에도 여러 문화재단과 든든한 후원자들이 있어 피아니스트 김선욱, 바이올리니스트 신현수와 같은 역량 있는 젊은 음악가들을 발굴하며 클래식에서도 한류를 만들어내고 있다. 특히 최근에는 기업경영과는 관계없이 음악에 대한 순수한 사랑으로 클래식의 저변 확대를 위해 노력하는 후원자나 재단들의 활동도 생겨나고 있다. 그중 2004년에 설립된 대원문화재단은 그동안 신인들을 발굴해 자체 지원해왔는데 최근에는 클래식 음악계와 기업들을 연결하며 지속 가능한 기업 메세나활동의 촉매 역할도 하고 있다.[58]

문화자산의 보관과 홍보가 중요하다

'민족문화의 유산을 해외로 유출시켜서는 안 된다'는 사명감으로 외국으로 넘어간 문화재까지 되사서 개인 소장 박물관(또는 미술관)을 운영하는 독지가에게 우리는 더 많은 박수를 보내야 한다. 이렇게 소장한 문화재의 해외 전시와 제대로 된 공인복제품official replica의 제작 보급도 우리 문화의 우수성을 널리 알리는 좋은 방법이다. 혜곡 최순우 선생은 국립박물관의 기반을 잡고 3대 국립박물관장을 지내신 우리 문화의 큰어른이시다. 1957년 대한민국 국보의 최초 해외 특별전을 주도하는 등 우리 문화재의 가치를 재발견하고 알리는 데 앞장섰던 선생의 고택이 한국의 '내셔널트러스트national trust운동'

이 시작된 후 '시민유산 1호'로 보존되고 있는 것도 결코 우연이 아닐 것이다.[59]

문화를 생각하는 기업을 소비자가 사랑해야 한다

어떤 기업가는 사명감으로, 어떤 기업가는 예술을 사랑하는 순수한 마음으로 많은 돈을 쾌척해 문화 마케팅의 생태계를 만들고 있다. 이들이 무슨 반대급부를 바라고 하는 일은 아니지만, 지속 가능한 문화 마케팅을 위해서는 이러한 관심과 투자가 기업의 사업과 브랜드에 도움이 되도록 이제는 우리가 이들을 도와야 한다. 현명한 소비자들이 문화의 핵심가치를 지키는 기업에 더 큰 충성도를 보인다면 문화 마케팅은 더욱 중요한 화두가 될 것이다.

5장
소 통 경 영

21세기에 접어들며, 기존의 상명하복식 의사소통 대신 수평적이고
열린 소통의 필요성이 기업에 인식됐다. 이른바 소통경영의 중요성이
부각된 것이다. 하지만 소통경영이란, 단순히 조직경영에만 국한되지 않는다.
구체적인 수치와 표현으로 조직의 비전을 공유하는 '계량화' 같은
내부 소통도 중요하지만, '눈높이 소통'을 통한 거래처와의 긴밀한 교류와
'마일리지 런mileage run' 같은 고객의 심리를 꿰뚫고 그에 상응하는
제품과 서비스를 제공하는 소통도 필요하다. 진정한 소통경영이란,
구체적인 비전으로 조직을 움직이고, 거래처와도 긴밀하게 공조하며,
소비자의 마음을 읽고 사는 총체적인 소통을 뜻한다.

측정할 수 없는 것은
관리할 수 없다

관계 계량화

2006년 초의 어느 날, 미국에서 근무하는 후배로부터 반가운 전화를 받았다. 미국의 가전 영업을 책임지던 후배인데 느닷없이 '계란냉장고'가 무엇인지를 묻는다.

"저 지금 서킷시티 CEO와 저녁을 먹고 있는데요. 선배님을 잘 안다고 했더니 뜬금없이 '그럼 계란냉장고를 아느냐'고 묻네요. 그게 뭔가요?"

그 서킷시티의 CEO는 필자가 베스트바이와의 관계를 동반관계로 격상시키기 위해 노력할 당시, 베스트바이의 부사장을 맡았던 인물이다. 서로 밀고 당기면서 정이 들었던 사람인데 2005년 서킷시티 CEO로 자리를 옮겼고, 필자가 미국을 떠나온 뒤에도 친구로 지내는 인물이었다. 이 전화를 받으면서 과거에 있었던 몇 개의 장면이 떠올랐다.

베스트바이가 삼성전자의 계란 전용 냉장고? 관계 계량화의 시작

이야기는 10여 년 전으로 거슬러 올라간다. 필자가 삼성전자 미국 가전부문을 맡은 직후의 일이다.

장면 1

1998년 초는 IMF 외환위기 후의 초비상시대를 맞아 수출에 대한 중요성이 강조됐지만, 그때까지만 해도 삼성의 미국 내 입지는 아주 제한적이었다. 2류 브랜드군에도 들지 못하는 형편이었지만, 스스로 3류라고 부르기는 싫어 우리 스스로를 2.1류tier 2.1로 분류하고 있었다. 필자는 업무를 시작하자마자 본사에서 강력한 메시지를 전달받았다.

"디지털TV시대가 다가오고 있다. 이 기회를 활용해 획기적인 시장지위 개선을 이룩해야 한다. 이를 위해 베스트바이에 대한 의존도는 줄이고, 서킷시티를 신규 거래처로 조기에 개척할 필요가 있다. 노력해달라."

당시 미국법인의 거래처는 지역의 소규모 영세업자나 할인점 위주였으며, 전문점은 베스트바이 한 곳뿐이었다. 또다른 전문점인 서킷시티 개척을 통한 거래처 다변화는 해묵은 숙제였다. 특히 서킷시티는 1949년에 설립된 미국 최대의 전자 유통업체로 그 당시 매장 수에서나 매출액에서 절대 1위의 업체였다. 미국시장에서 서킷시티와 거래를 하지 않고서는 주류 전자업체가 될 수 없었다. 지나친 관료화 등의 내부문제와 베스트바이의 급성장에 고전하다가 2009년에 문을 닫긴 했지만, 당시로서는 무조건 거래를 맺어야 하는 업체였다.

장면 2

1998년 3월. 필자는 업무 파악이 끝나자마자 현지 임원들과 서킷시티를 방문했다. 그쪽에서 나온 사람은 단지 TV 담당 바이어 한 명뿐이었으며, 그것도 30분 남짓의 시간을 허락했을 뿐이었다. 필자의 설명이 끝나자 그가 귀찮다는 듯한 표정으로 말했다.

"이렇게 만나는 것도 시간이 아깝다. 이 세상에 당신네만 가진 제품이 있거나 세상에서 제일 싼 제품이 있지 않으면 앞으로 다시 오지도 마라."

우리 일행은 사무실로 돌아오자마자 분노의 각오를 다졌다.

"우리도 그들이 오라고 할 때까지 그들에게 가지 않겠다. 그러나 3년 안에 반드시 우리를 오라고 하도록 만들자. 그러기 위해서 우리는 그들의 경쟁사인 베스트바이가 우리와 거래해서 큰돈을 버는 모습을 보여줘야 한다."

몇 달 후 본사 감사팀이 방문했다.

"이이사가 취임할 때 베스트바이와의 거래비중을 줄이라고 특별메시지를 전하기도 했는데, 책임자가 되고 나서 오히려 베스트바이의 비중이 더 늘고 있어요. 계란을 한 바구니에 담으면 위험하다는 이야기도 모릅니까?"

"네, 한 바구니에 담는 건 위험하지요. 그런데 계란을 계란 전용 냉장고에 넣을 수 있다면 더 안전하다고 생각합니다. 저는 서킷시티와의 현안을 고려할 때 베스트바이를 계란냉장고로 만드는 것이 더 현실적이라고 생각합니다. 계란은 계란 전용 냉장고에서 훨씬 안전하게 보관할 수 있겠지요."

며칠 후에 서울로부터 감사받는 태도가 불량하다는 주의를 받았지만, 베스트바이를 '계란 전용 냉장고'로 만들기 위한 우리의 노력은 이미 시작됐다. 베스트바이의 담당 임원에게 본사의 우려와 '계란 전용 냉장고'로 표현된 우리의 기대를 함께 전했을 때 베스트바이 임원은 자기들에게 그런 신뢰를 주는 삼성전자 미국법인의 기대를 저버리지 않겠다고 했다. 그가 바로 여러 해 후에 후배에게 이명우의 계란냉장고를 아느냐고 물었던 서킷시티의 CEO다.

우리는 이 일을 계기로 미국 내 유통전략을 전면 재검토하기 시작했다. 미국시장에 대해 많은 우려를 하고 있는 본사를 위해서뿐 아니라 우리 법인 내부구성원의 공감대도 필요한 상황이었다. 당시 우리가 내린 결정 중 가장 중요했던 것은, 현재 여러 거래처들과 관계가 얼마나 가까운지를 계량화해서 조직구성원들끼리 공유하기로 한 결정이었다. 눈에 보이지도 않고 측정하기도 어려운 '관계'라는 변수를 측정해보려고 한 것이다.

우리는 거래처와의 관계를 정도에 따라 0에서 5까지 나눴다. 현재 거래가 없으면 '관계 0'이고, 한두 번 거래조건이 맞아서 거래했으면 '관계 1'이며, 한두 개의 제품이라도 지속적으로 거래하는 거래처는 '관계 2'다. 나아가 여러 제품을 지속적으로 거래하며 매출비중이 큰 거래처는 '관계 3', 경영진 간에 교류하며 중·장기계획을 가져가는 정도가 되면 '관계 4', 전략적 제휴의 단계에 이르러 서로 투자를 하는 정도가 되면 '관계 5'다.

미국법인 임직원들은 이 기준에 따라 머리를 맞대고 거래처와의 관계를 수치로 측정했고, 동시에 그들과의 관계를 앞으로 어떻게 할 것인지의 목표도 함께 세웠다. 예를 들어 당시 서킷시티와의 관계는 '관계 0'이었는데, 3년 후에 '관계 3'으로 만든다는 목표를 설정하는 식이었다. 이렇게 조직의 모든 구성원이 현재 상황과 목표를 측정 가능한 수치로 공유하면서 현지 유통채널과의 관계 개선을 추진하니, 일이 훨씬 효과적으로 진전됐고 본사로부터도 전폭적인 지원을 끌어낼 수 있었다.

장면 4

그런 우리의 노력이 성과를 냈는지 서킷시티 본사에서 쫓겨나다시피 마지막 미팅을 가진 지 채 2년도 지나지 않은 1999년 12월, 서킷시티로부터 연락을 받았다. 다음해 1월 라스베이거스에서 열리는 CES 첫날 아침, 자기네 방으로 초대하고 싶다고 했다. 그토록 절치부심하며 기다리던 날이 마침내 온 것이다. 하지만 흥분하는 담당 임원에게 이렇게 회신하라고 지시했다.

"아직 우리는 당신들을 만날 준비가 돼 있지 않다. 세상에 없는 제품을 우리만 가지고 있지도 않고, 세상에서 가장 싼 제품도 여전히 없다."

며칠 후 우리는 2년 전 우리에게 막말(?)을 했던 바이어의 한참 위 상관으로부터 감회 가득한 사과를 받으며, 라스베이거스에서 그들

Channel Portfolio Design, 1998

	1998		1999		2000		2001		2002		2003	
	Level	Biz %	Level	Biz %	Level	Biz %	Level	Biz %	Level	Biz %	Level	Biz %
A	3	34%	4	27%	5	28%	5	26%	5	23%	5	21%
B	0	0%	1	2%	2	4%	3	10%	4	12%	5	15%
C	2	2%	3	2%	4	3%	5	8%	5	8%	5	10%
D	2	10%	2	6%	3	7%	4	8%	5	11%	5	15%
E	0	0%	0	0%	0	0%	3	3%	4	6%	4	9%
Sales	300		400		500		600		800		1000	

Relationship Level

1. Initial stage of supply
2. Stage of supply 2 products or securing 2 members in Buying Group
3. Multi Products&Partners
4. Management level relationship
5. Strategic alliance

Strengthening Distribution Mix

	('98)	('01)	('03)
Top 5 Customer Mix	46%	52%	70%
A Reliance	34%	26%	21%
A Sales	$102	$156	$210
Total Sales	$300	$600	$1000

필자가 관계를 계량화할 때 실제로 사용했던 표와 같은 것이다. 구체적인 측정기준을 만들자 도달할 목표나 실행과제가 한층 명료해졌다.

과 마주할 수 있었다. 이것을 계기로 서킷시티 경영진의 서울 방문이 이뤄졌고 첫 거래가 시작됐다. 이로써 미국 진출 20여 년 만에 서킷시티에 삼성 브랜드를 입점시키며 '관계 0'에서 바로 '관계 4'로 진입하는 성과를 맛봤다.

하버드 비즈니스 리뷰의 편집장이었던 조안 마그레타는 저서 『경영이란 무엇인가』에서 "경영자들이 조직을 원하는 방향으로 끌고 가기 위해 가장 중요한 것은 조직의 목표를 구체적으로 이해시키고, 성과 측정도구를 미리 제시해 무엇을 달성하면 그 목표가 이뤄지는 것인지를 알려주는 일"이라고 설명하고 있다.[60]

측정할 수 없는 것은 관리할 수 없다. 조직이 점점 커지고 의사결정이 복잡해질수록 조직구성원이 쉽게 이해할 수 있는 객관적 기준을 공유하는 것이 더욱 중요하다.

'눈에 보이지 않는 것'을 어떻게 측정할 것인가

21세기에 접어들며 기존의 상명하복식 의사소통 대신 수평적이고 열린 소통의 필요성이 기업에 인식됐다. 이른바 소통경영의 중요성이 부각된 것이다. 하지만 소통경영이란, 단순히 직위를 막론하고 누구나 편히 발언할 수 있는 분위기를 조성하는 일만이 아니다. 그보다는 조직의 비전과 미션이 구성원 모두에게 공유되고, 이를 실현하고자 하는 분위기를 형성하는 것을 뜻한다. 그런 의미에서 과거 필자가 거래처와의 모호한 관계를 계량화해 공유했던 것도 소통경영의 일환이었다고 할 수 있다. 우리의 현 상황과 앞으로 이뤄야 할 것을 수치로 공유함으로써, 명확한 방향을 제시한 것이다.

구체적인 수치로 공유하면 달성과제가 뚜렷해진다

거래처와의 관계는 눈에 보이지 않는다. 특정 거래처와의 관계를 물으면 "아주 좋다" "좋다" "그저 그렇다"라는 식의 대답이 일반적이다. 그럼 내년에는 어떤 관계를 가져갈 것이냐고 물으면 "더 좋게" "획기적으로 좋게" 같은 답이 나온다. 그러나 '좋다'나 '더'와 같은 표현은 구성원들 저마다의 기준에 따라 다르기 때문에, 조직구성원 간에 목표를 공유하는 것이 어려울 수밖에 없다. 조직이 커질수록 이런 문제는 더 심각해진다.

눈에 보이지 않는 것을 계량화하는 데는 많은 상상력이 필요하다. 물론 문제의 핵심을 정확히 이해하는 것은 기본이다. 그러고는 관련자들의 공감을 끌어낼 수 있어야 한다.

1998년 당시 삼성전자 미국법인은 거래처와의 관계 개선이 지상과제였고, 이를 위해 거래처와의 관계를 몇 가지 기준에 따라 0(무거래)에서 5(전략적 동반관계)까지로 분류했다. 이런 객관적 기준을 가지고 주요 거래처별로 이후 5년간의 목표를 구성원들끼리 공유함으로써 거래처와의 관계 증진을 효과적으로 추진할 수 있었다.

앞서 말했듯 서킷시티와의 관계는 처음엔 '관계 0'이었지만 3년 후인 2001년에 거래를 시작하되 바로 '관계 3'으로 간다는 목표를 수립했는데, 실제로는 당초 계획보다 1년 이른 2000년에 바로 '관계 4'로 진입했다. 조직의 모든 구성원이 측정 가능한 조직의 목표를 공유했기 때문이 아니었나 생각한다. 베스트바이와의 관계는 그 당시엔 '관계 3'이었는데, 시범 케이스로 2년 안에 '관계 5'로 격상시키고자 했다. 이렇게 관계가 개선되면 베스트바이에 대한 매출은 해마다 계속 증가할 것이고, 특히 처음 1~2년간은 전체 매출 중에서 베스트바이가 차지하는 비중이 커지게 된다. 하지만 3년 후쯤 다른 거래처들이 개발되고, 서킷시티가 신규 거래처로 합류하게 되면 베스트바이에 대한 매출이 늘어남에도 불구하고 매출비중은 오히려 줄어들 것이라고 판단했다. 이렇게 구체적인 목표의 설정과 공유를 통해 우리는 "계란을 한 바구니에 담으면 위험하니 베스트바이에 대한 의존도를 당장 줄여야 한다"던 본사의 걱정도 덜 수 있었다.

관계 계량화

비전과 목표를 구체적으로 공유하고 있는가?

구체적인 잣대로 측정할 수 없는 것은 결코 관리할 수 없다.

생선회도 질색하던 바이어,
육회를 먹게 한 비결

눈높이 소통

소통경영의 시작이 조직 내 비전과 목표의 공유라면, 완성은 고객과
의 교류일 것이다. 결국 모든 사업은 제품이든 서비스든 고객에게
무언가를 판매하고, 그를 통해 매출을 올리는 식으로 진행되기 때문
이다. 고객에게 가 닿지 않는 소통은 공허한 메아리일 뿐이다.

하지만 고객은 단순히 소비자만을 지칭하는 것이 아니다. 크게는 내
부고객과 외부고객으로 나눌 수 있다. 내부고객이란 조직구성원을
지칭한다. 또한 외부고객은 소비자와 거래처로 구분할 수 있다. 다시
말해 고객은 사업을 운영하는 데 있어 상대하는 모든 대상이라고도
할 수 있다. 여기서는 외부고객 중 먼저 거래처와의 소통에 대해서
살펴보자.

육회가
한국식 '타르타르스테이크'?

1980년대 중반 필자가 소통의 중요성을 새삼 깨달았던 일이 있다. 수출보국輸出報國을 향해 우리 모두 열심히 전자제품을 수출하던 시절이었다. 갈비를 광적으로 좋아하던 독일 바이어가 있었다. 다른 한국음식은 모르고 갈비만 좋아했다. 문제는 업무에 너무 깐깐했다는 점이다. 사소한 문제에도 클레임을 걸곤 했다. 정도가 너무 심하다보니 필자의 상사인 부장의 인내도 한계에 달했다. 그 바이어가 또 클레임을 걸고 서울에 온다는 이야기를 듣고 부장은 이렇게 지시했다.

"거래처 관리 좀 잘해요. 이번에 그 바이어 서울 오면 좋아하는 갈비 대접하지 마세요. 육회나 육개장같이 외국인이 먹기 힘든 한식을 먹여요. 이과장이 어떻게 하는지 내가 지켜볼 거요."

바이어가 하늘 같은 시절이었는데 오죽 경우가 없었으면 부장이 그랬을까. 그래도 그 바이어는 필자로선 극진히 모셔야 할 주요 거래처였다. 그 거래처가 부장에게는 전체 매출의 10분의 1에 지나지 않지만, 담당 과장인 필자에게는 매출의 3분의 1 이상을 차지했기 때문이다. 그의 서울 체재기간 내내 모든 것을 보살펴줘야 하던 필자로서는 이럴 수도 저럴 수도 없는 상황이었다. 그런데 무엇보다 육회를 영어로 도대체 뭐라고 소개해야 한단 말인가. 생선회도 먹지 않는 사람에게 생고기를 먹으라고 하면 기겁할 것이다.

고민고민하던 필자는 언젠가 본 영화에 나온 '타르타르'라는 요리를 떠올리며 무릎을 쳤다. 몽골의 영향을 받은 요리로 유럽인들에게도 널리 알려진 이 음식을 영화에서 보면서 우리의 육회와 비슷하다고 생각한 일이 있었다. 함께 식사를 하러 간 자리에서 필자가 바이어에게 물었다.

"타르타르스테이크 좋아하세요?"

"타르타르 좋아하는데 자주 먹진 못해요. 독일엔 파는 식당도 많지 않지만 너무 비싸기도 하고……"

"갈비는 늘 드셨으니 이번엔 좀 진한 한국음식 드셔보시지 않을래요? 한국식 타르타르를 한번 드셔보시지요. 이 음식은 한국에서는 잔치음식으로 많이 먹는데, 유럽에서 먹는 타르타르와 비슷해요. 달걀노른자를 생으로 얹어 먹는 것부터 똑같아요. 다만 케이퍼와 양파 대신에 당신이 좋아하는 한국 배가 들어가고, 올리브기름 대신에 고소한 참기름이 들어간답니다."

한국에서도 흔히 먹을 수 있는 음식은 아니고, 날것으로 먹으려니 최고의 한우를 엄선해서 만든다는 설명을 곁들였다. 또 몽골이 세계를 정복한 이야기를 늘어놓으면서 타르타르스테이크와 한국식 타르타르(육회)는 뿌리가 같은 음식이라고 너스레를 떨었다. 바이어는 호기심에 반짝반짝 눈을 빛내더니 육회를 달걀노른자와 비벼가며 열심히 먹기 시작했다.

'이 양반, 생선회도 질색하던 사람이 어떻게 이렇게 잘 먹을 수 있지? 우리 부장님 원래 뜻은 이런 게 아니었는데……'

목표의 반을 이뤘지만, 아직 육개장이 남았다. 필자는 헝가리에 갔을 때 먹어본 '굴라시수프'를 떠올렸다. 부다페스트 뒷골목에 자리잡은 굴라시 전문점에서였는데, 찢어넣은 소고기가 양파와 함께 들어 있는데다 고추와 마늘 양념의 맛이 우리 육개장과 비슷해서 밥 한 숟갈 있으면 좋겠다는 생각이 들 정도였다. 독일식당에서는 이 요리를 독일식으로 바꿔 소고기에 감자를 넣고 양념도 다른 것을 써서 만들었다. 헝가리 본고장의 맛과 사뭇 다른데도 독일 사람들은 이를 헝가리식 굴라시수프라고 부르며 즐겨 먹는다.

　"헝가리식 굴라시수프 좋아하세요?"

　"물론이지요."

　"헝가리에서 오리지널 먹어보셨어요?"

　"아뇨."

　"그럼 한국식 굴라시수프 한번 들어보시지요. 헝가리에서 먹는 것과 매우 비슷하답니다."

　한국식 타르타르에서 재미를 본 그는 "미스터 리가 미식가인 줄 몰랐다"면서 조금도 주저하지 않고 제안을 받아들였다. 땀을 뻘뻘 흘리며 육개장을 먹는 모습이 혼자 보기 아까웠다. 식당 다른 편에선 이 이방인이 육회와 육개장을 맛있게 먹는 장면을 황당하게 바라보는 사람들이 있었다. 내가 주어진 '미션'을 잘 수행하는지 확인할 겸 식사중인 우리 부서의 사람들이었다. 그들이 나를 쳐다보며 엄지를 치켜세웠다. 다음날 부장이 물었다.

　"도대체 어떻게 구워삶았기에 우리나라 사람도 잘 안 먹는 육회와 그 매운 육개장을 그렇게 기분 좋게 먹인 거요? 좀 힘들게 만들려고 했는데 전혀 그렇지 않았다면서…… 도대체 무슨 말을 한 거예요?"

"부장님의 말씀을 거역할 수도, 바이어에게 강제로 먹일 수도 없어서 고민을 많이 했습니다. 그의 눈높이에 맞는 설명을 하려 했는데 다행히 영화에서 봤던 타르타르스테이크가 생각났고, 부다페스트 출장길에 맛봤던 굴라시수프의 경험도 있어 그가 익숙한 요리와 같은 뿌리인 음식이라고 설명할 수 있었습니다. 그의 눈높이에 맞춰 설명한 것뿐이지요."

그렇다. 고객과 소통하기 위해서는 고객과 눈높이를 맞추고 고객의 언어를 이해해야 한다. 고객과의 소통뿐 아니라 모든 대화에서도 마찬가지다. 대화의 상대방이 누구든 상대방의 눈높이에 맞춰야 하고, 상대방이 이해할 수 있는 언어를 사용해야 한다는 진리를 체득하게 된 소중한 경험이었다. 육회와 육개장을 먹으며 그 바이어와 내가 나눈 대화는 지금 생각해보면, 사무실 안에서나 밖에서나 장사 이야기밖에 모르던 당시의 필자에게 상담이 아닌 최초의 일반적인 대화였다. 뜻하지 않게 좀더 성숙한 대화의 모드로 들어간 것이다.

그후 그 바이어와 필자는 만날 때마다 일 이야기는 물론 음식과 술, 역사와 문화에 이르기까지 폭넓은 이야기를 나누면서 친구가 됐다. 그리고 우리가 하던 수출업무에도 큰 진전이 있었다. 회사의 품질이 많이 개선돼서인지, 아니면 그가 육회와 육개장을 먹이려던 우리의 뜻을 간파한 것인지 더이상의 무리한 클레임도 없었다.

거래처 사장을 부장으로
착각할 수밖에 없었던 까닭

필자는 얼마 전 '경영에서의 의사결
정과 숫자의 중요성'을 강의하던 중, 국내 한 방송국에서 방영한 프
로그램을 학생들과 함께 봤다. 평균이란 것이 집단의 정보를 요약해
서 보여주는 대푯값으로 많이 쓰이고 있긴 하지만, 이것만으로 의사
결정을 하는 것은 한계가 있다는 내용을 담은 프로그램이었다.[61]

그런데 이를 설명하는 과정에서 주제와는 관계없이 눈길을 끄는
장면이 있었다. '석유회사 셸Shell 전무이사의 연소득이 영국 황실의
필립Phillip 공보다 많다'는 내용이었다.

"어떻게 전무이사의 소득이 그렇게 많을 수 있나요?"

"전무의 소득이 그 정도라면 사장은 도대체 얼마를 버는 건가요?"

호기심 많은 학생의 질문이 줄을 이었다. 실상은 번역의 오류가
낳은 해프닝이었다. 우리나라 기업에서는 전무(어떤 회사는 상무)라는
직위의 영어 표기로 흔히 '매니징 디렉터Managing Director'를 사용한다.
그러나 영국에서 매니징 디렉터는 사장을 뜻한다. TV 프로그램에서
셸의 전무이사로 표현된 그는 셸의 사장이었다.

불현듯 비슷한 문제로 곤욕을 치렀던 기억이 떠올랐다. 1980년
대 후반, 국제화가 아직 미숙하던 시절이었다. 남유럽의 신규 거래처
에서 두 명의 손님이 서울에 왔다. 명함을 보니 나이가 지긋한 사람
은 '디렉터Director', 상대적으로 어려 보이는 사람은 '제너럴 매니저

General Manager'였다. 우리 식으로 번역하자면 한 명은 '이사'고, 다른 한 명은 '부장'이다. 당시 필자가 몸담았던 삼성전자도 이사와 부장 명함에 영어로는 디렉터와 제너럴 매니저라고 표기했다. 외관상으로도 그렇고, 명함상으로도 그렇고 당연히 디렉터를 더 대우해야 한다고 여겼다. 호텔에서 픽업하면서 그를 승용차의 상석에 모신 것은 물론이고, 회의를 진행할 때도 모든 신경과 관심을 그에게 쏟았다. 대화나 질문도 그가 주도했으니 우리로선 당연한 반응이었다. 저녁 만찬에서도 우리의 주빈은 그였고, 모든 대화가 그를 중심으로 진행됐다. 어느 순간 제너럴 매니저가 슬그머니 자리를 떴고, 디렉터가 황급히 따라나갔다. 그런데 어찌 된 일인지 두 사람이 돌아오지 않았다. 한참이 지나서야 디렉터로부터 전화가 왔다. 제너럴 매니저의 심기가 별로 좋지 않다는 것이다. 그러면서 '큰일'이라고 우려를 표했다. 우리로서는 다소 이해 못 할 일이었다. 동료의 기분이 좋지 않아 걱정은 되겠지만, 큰일일 것까지야 있는가.

그런데, 정말 큰일이었다. 알고 보니 제너럴 매니저는 그 회사의 오너 사장이었다. 우리 회사와 달리 그 회사는 사장을 제너럴 매니저라고 칭했던 것이다. 사장이 영어가 불편해 이사인 디렉터가 대화의 창구 역할을 했을 뿐인데, 명함에서부터 단단히 오해한 우리가 큰 실수를 범한 것이다. 회의에서야 자신을 대신한 이사에게 이목이 집중돼도 이해했던 사장은, 만찬에서마저 자신이 관심 밖으로 밀려나자 상당한 불쾌감을 느꼈던 것이다. 결국 그날의 해프닝은 우리가 호텔로 찾아가서 문화에 따른 호칭의 차이를 설명하며 양해를 구한 끝에 겨우 마무리가 됐다.

필자는 그때의 실수 이후 외국인의 영어 명함을 보고 직위와 역할이 무엇인지 정확히 파악되지 않으면 본인에게 직접 물어서 확인한다. 뿐만 아니라 국내 명함의 영어 표기도 관심 있게 보는 습관이 생겼다. 문제는 국내 글로벌기업들의 명함을 보면 기업에 따라 영어표기가 제각각이라는 점이다. 부장의 경우를 보면 '제너럴 매니저'라고 쓰는 기업이 있는가 하면, '시니어 매니저Senior Manager'나 '디렉터'라고 하는 기업도 있다. 이뿐 아니다. 어느 회사 간부들을 만나 명함을 받았더니 한글 직위는 다 같은데 영어는 제각각이었다. 한 회사의 같은 직급인데도 영어 표기가 다른 것이다. 국제화가 우리 기업의 화두로 떠오른 지 오래인데, 아직도 글로벌 무대에서 활약하는우리 기업들이 직위의 영어 표기에 관심이 부족한 것은 안타까운 일이 아닐 수 없다. 사소한 일이라고 생각해서는 안 된다.

『디테일의 힘』의 저자인 중국의 경영 컨설턴트 왕중추는 "사소해보이는 세심함이 개인과 기업의 성패를 좌우할 수 있다"고 강조했다.[62] 그는 '100 − 1=0'이라고 표현하며 1퍼센트만 어긋나도 전체 일을 망칠 수 있다고 경고한다. 글로벌 경영활동에서 고객과의 효율적인 의사소통은 서로가 누군지에 대한 정확한 이해에서 시작된다. 상대방의 타이틀을 정확히 이해하고, 내가 누구인지 제대로 알려줄 수있는 디테일이 요구되는 이유다.

물론 회사 임직원의 타이틀을 정하는 것은 기업문화의 일부이고기업의 아이덴티티를 만드는 행위다. 무엇이 옳고 그르냐의 문제가 아니다. 회사에 따라 책임과 권한의 수준이 각기 다르므로 임직원의 타이틀을 표시하는 것도 회사전략의 일부분이다. 그러나 만약 어느 기업의 부사장, 전무, 부장이 동시에 외국 거래처를 만나는데, 각각 '바이스 프레지던트Vice President, VP' '매니징 디렉터' '제너럴 매니저'로 적힌 명함을 가지고 나간다면 거래처들은 어떻게 이해할까. 거래처가 전무나 부장을 사장으로 착각해 불필요한 오해가 발생할 수도 있다. 거래처의 혼동을 방지하기 위해서는 다음과 같은 정리가 필요하다.

첫째, 글로벌경영을 하는 회사라면 해당 업종과 지역의 국제적 관습global practice을 고려해 오인의 소지가 있는 타이틀은 피해야 한다. 부사장을 영어로 VP라고 부르는 국내 회사들이 있는데, 미국 거래처에 그렇게 소개하는 것은 적절하지 않다. 업종에 따라 차이는 있지만, 미국에서는 중간간부나 초급임원 정도만 돼도 VP로 부르는 경우가 많다. VP 위에 '시니어 VPSenior VP, SVP' '이그제큐티브 VPExecutive VP, EVP', 조직의 크기에 따라서는 '시니어 이그제큐티브 VPSenior Executive VP, SEVP'까지 있다. 이중에서 EVP가 우리나라 기업의 부사장을 제대로 소개하는 타이틀이라고 할 수 있다.

둘째, 타이틀에 개인의 조직 내 역할 및 책임과 서열이 제대로 나타나도록 하면 좋다. 직위와 직책을 같이 적는 것도 방법이다. 부사장의 경우라면, 명함에 'VP&CFO(재무 담당 부사장)'라고 직책을 함께 적는 식으로 거래처의 혼동을 줄일 수 있을 것이다.

셋째, 거래처 국가의 표기를 병기하는 것도 방법이다. 지역에 따라서는 국제적 관습과 다른 표기를 사용하는 경우도 있다. 그런 지역의 거래처와 거래할 때는, 상대방의 관점에서 제대로 이해할 수 있도록 거래국가 언어로 직책 표기를 병기하는 배려도 필요하다. 고객의 눈높이에 맞추려는 노력은 직책 표기에도 예외가 아닌 것이다.

문화가 '다른' 상대와
'같은' 눈높이에서 소통하는 방법

많은 경우에 우리는 상대방이 이해하건 말건 자기의 말을 하기 바쁘다. 상담의 경우에도 물건 사고파는 것에 치중해 고객과의 진정한 소통보다는 거래조건부터 주고받기에 바쁜 경우가 많다. 서로 믿고 거래할 수 있는 장기적 거래관계를 위해서는 사업에 꼭 필요한 대화뿐 아니라 서로를 이해할 수 있는 소통도 중요하지 않을까.

고객이 누구인지를 알면, 그의 언어로 이야기할 수 있다

고객이 무엇에 익숙한지 무엇을 잘하는지는 물론, 고객의 아쉬운 점, 부족한 점을 이해하도록 노력하자. 고객의 관심이 머무는 주제는 간단히 이야기해도 쉽게 메시지를 전달함은 물론, 서로 간에 동질감을 가지게 돼 어려움 없이 공감대를 만들어준다. 마찬가지로 고객에 대한 올바른 이해는 고객이 좋아하지 않거나 터부시하는 것들을 피할 수 있게 해준다. 이를 위해 회사의 거래처를 만날 때는 상담내용 뿐 아니라 일반 대화의 요지, 무슨 음식을 좋아하고 싫어하는지를 포함한 식성, 가족상황과 더불어 그에게 준 선물까지 기록으로 남기자. 다음번에 우리 회사의 다른 임직원들이 같은 거래처에게 똑같은 질문을 하거나 똑같은 선물을 반복하는 실수를 줄이고 한 차원 높은 대화와 관계 발전을 도모할 수 있다.

거래처가 외국인일 경우는 특히 그들의 문화를 알아두자

글로벌한 사업환경에서 문화의 이해에 대한 중요성이 점점 커지고 있다. 외국의 문화를 많이 알수록 우리 고유의 문화와 더 효과적으로 연결해 우리의 것도 그들의 언어로 더 잘 설명해줄 수 있다. 여러 나라들의 독특한 문화를 알기 위해서 일일이 직접 경험하는 것은 시간과 돈이 드는 일이다. 간접 경험의 방법에는 여러 가지가 있지만 역시, 독서와 영화 감상이 도움이 된다. 필자는 레마르크의 소설 『개선문』에서 사과로 만든 브랜디 '칼바도스Calvados'를 알게 된 것이, 훗날 노르망디 출신의 거래처와의 저녁자리를 더 풍성하게 만들었던 기억을 잊을 수 없다.

생각의 주파수를 맞추면, 생각의 공유가 가능하다

고객의 입장에서 생각한다는 것은, 고객의 눈으로 이슈를 보고 고객과 생각의 주파수를 맞추는 일이다. 『맹자』에 나오는 '역지사지易地思之'라는 말처럼 상대방의 처지나 입장에서 먼저 생각해보고 이해하면 고객의 우선순위, 고객이 직면한 문제, 고객의 시간제약을 헤아려서 대화를 진행할 수 있다. 고객의 입장을 제대로 이해하기 위해서는 상대방의 이야기를 경청하는 것만으로도 도움이 된다. 자신의 귀를 씻고 공손하게 듣는다는 뜻을 가진 '세이공청洗耳恭聽'이라는 말은, 경청하는 습관이 성공적인 소통의 첫걸음이라는 사실을 말해주고 있다. 고객의 이야기 속에 고객과의 소통에 대한 답이 있다. 상호호혜reciprocity의 입장에서 일을 풀어간다면 상대방과의 소통을 넘어 상생도 가능할 것이다.

아무런 이유도, 갈 곳도 없이 여행을 떠나는 사람들?

마일리지 런

어느 12월의 마지막 일요일. 새벽 4시에 집을 나서는 필자를 가족들이 근심 어린 표정으로 배웅하고 있었다. 조심히 다녀오라는 당부를 뒤로하고 필자가 향한 곳은 뉴어크공항이었다. 당시 미국에서 근무 중이던 필자는 미국시장 개척을 위해 각 지역의 주요 거래처들을 만나러 다녔고, 한 달에도 몇 번씩 비행기에 몸을 실어야 했다. 하지만 그날은 출장이 아니었다. 비행기로 두 시간 반을 날아가서 도착한 곳은 폭설이 내리고 있던 미니애폴리스공항이었다. 혼자 공항터미널에만 머무르다 다시 뉴어크행 비행기를 타고 돌아왔다.

아무 일도 없이 그냥 비행기만 타러 다니느라 일요일의 달콤한 휴식을 다 날리고 개인 돈 400달러를 썼다. 새벽같이 집을 나섰다가 오후

늦게야 집으로 돌아온 필자를 가족들이 애틋한 모습으로 지켜봤다. 대체 필자는 왜 그랬을까.

돈으로 살 수 없는 가치가
충성도를 높인다

　　　　　　　　　　　　　　미국은 워낙 땅덩어리가 넓다보니 1년 내내 비행기를 타야 하는 영업·마케팅 직원이 많다. 서부에서 동부로 여행할 때는 밤샘 비행편의 비좁은 일반석 자리에서 새우잠을 자야 한다. 그러나 항공사에 따라 다르지만 우수고객이 되면 고충을 많이 덜 수 있다. 일반석을 타도 전용 카운터를 이용해 지루한 줄서기를 피할 수 있고, 테러 경계로 보안검색대에 많은 사람이 대기할 때도 패스트트랙fast track을 통해 손쉽게 통과할 수 있다. 탑승을 먼저 할 수 있어 짐을 얹을 선반도 쉽게 찾는다. 예약이나 일정 변경 때도 우선권이 있다. 무엇보다 같은 일반석이라도 좀더 편한 자리를 배정받을 수 있고, 차상급次上級 좌석이 비면 무료로 업그레이드도 받는다. 우수고객의 신분은 한 달에도 몇 번씩 출장을 다녀야 하는 사람들에게 값으로 매길 수 없는 가치가 있다. 특히 우리 같은 외국인에게는 돈으로 살 수 없는 VIP 대우이다. 미국 항공사들은 이런 혜택을 주는 우수고객의 자격을 연간 탑승실적을 기준으로 매년 새롭게 결정한다.

다시 앞의 이야기로 돌아가보자. 당시 필자가 연말을 앞두고 계산해보니 그 항공사의 우수고객이 되는 데 2000마일이 모자랐다. 다음 해에도 자주 출장을 다녀야 하고, 절반은 밤을 새워 비행기를 타야 할 텐데 우수고객 선정기준에 근접한 마당에 그 기회를 놓치고 싶지 않았다. 고심 끝에 1000마일 정도 떨어진 목적지를 물색하고, 그중에 항공료가 가장 쌌던 미니애폴리스로의 왕복여행에 시간과 돈을 쓴 것이다. 용무가 없는데도 단순히 일정 수준의 마일리지를 달성함으로써 다음해에 해당 항공사의 우수고객이 되려고 비행기를 타는 이런 여행을 '마일리지 런mileage run'이라고 부른다.

〈인 디 에어Up in the air〉라는 영화에는 한 항공사의 평생 우수고객이 인생목표인 주인공이 그 항공사의 일곱번째 '1000만 마일 여행자'가 돼 기내에서 기장의 축하를 받고 감격해하는 장면이 나온다. 우리에겐 다소 생소하지만 항공여행이 일상화된 미국에서는 우수고객이 되기 위한 노력이 눈물겹다.

고객의 로열티를 최고조로 끌어올리는 이런 제도는 비단 항공사에만 존재하는 것이 아니다. 출장이 잦은 비즈니스맨에게는 단골 항공사와 더불어 단골 숙박업소가 존재하기 마련이다. 필자의 지인 중 한 명은 쉐라톤, 더블유, 웨스틴 등을 거느린 호텔 체인기업 스타우드Starwood를 애용한다. 스타우드는 아홉 개 브랜드의 호텔을 운영하는데, 스타우드 소속 브랜드의 호텔을 1년에 스물다섯 번 이상 이용하면 가장 높은 회원등급을 받게 된다. 그 등급이 누리는 혜택이란 객실 업그레이드, 무료 인터넷 사용, 무료 조식 제공 등 여행자라면 누구나 두 손 들고 환영할 만한 것이다. 그중에서도 가장 큰 혜택은 오후 4시에 늦은 체크아웃late check-out이 가능하다는 것이다. 미국은 거래처들과 골프 미팅이 많다. 한번은 출장 마지막날 오전에 골프 약속이 잡혔다고 한다. 대부분의 사람들은 아침 일찍 짐을 싸서 체크아웃을 하고 골프장으로 향했는데, 그는 골프를 친 후 숙소로 돌아와 여유롭게 샤워까지 마친 후 늦은 체크아웃을 할 수 있었다. 그 골프장이 워낙 샤워시설이 열악해 긴 비행을 앞둔 여행객에게는 엄청난 혜택이었는데, 그 일이 있고 나서 호텔의 평생고객이 되겠다고 마음먹었다는 것이다.

이처럼 고객의 만족을 끌어내는 혜택이 제공되다보니, 높은 회원 등급을 유지하기 위한 고객들의 몸부림도 상상 이상이다. 그 지인의 경우, 1년에 스물다섯 번 이용이라는 조건을 충족하기 위해, 언젠가 3박 4일로 떠난 가족여행에서 3박을 모두 다른 스타우드 계열 호텔에서 묵은 적이 있다고 한다. 연말 휴가지를 그 체인의 호텔이 여럿 있는 지역으로 선정하고 매일 아침 짐을 싸서 호텔들을 옮겨다니며 여행을 다녔다는 것이다. 여행을 같이 했던 가족들의 원성이 컸지만, 그는 새해에도 우수고객 자격을 유지할 수 있다는 사실에 크게 만족해했다.

보스턴컨설팅그룹(BCG)의 연구결과에 의하면 항공, 호텔, 레스토랑, 소매업의 경우 단골고객이 5퍼센트 증가하면 이익이 25퍼센트 증가한다고 한다.[63] 좋은 조건만 찾아다니는 뜨내기손님에 비해 단골고객은 다른 회사의 가격이나 서비스가 웬만큼 차이나지 않고서는 쉽게 옮겨가지 않기 때문에 고객의 충성도가 회사의 수익으로 직결된다는 것이다.

항공이나 호텔업계의 경우 출장여행 고객이 휴가여행 고객보다 가격에 덜 민감하고 자주 이용하게 되므로 출장고객들을 단골로 많이 확보하는 것이 수익의 원천이다. 한번 우수고객이 돼 로열티 프로그램을 누린 사람들은 웬만해서는 다른 브랜드로 갈아타기 어렵다. 웬만한 문제가 있어도 전환비용(그동안 쌓아둔 우수고객의 신분을 포기하고 다른 브랜드로 옮겨 처음부터 우수고객 요건을 채워나가는 데 드는 비용)이 높아 다른 브랜드는 고려대상에서 아예 제외되기 마련이다.

모든 기업이 고객과의 소통에 심혈을 기울인다. 고객의 마음을 읽고, 그의 마음을 사는 방법을 찾기 위해 갖은 노력이 동원된다. 우수고객 제도 같은 로열티 프로그램은 이러한 소통경영의 일환이 된 지 오래고, 이제 우리 생활 전반에 들어와 있다. 우리는 인터넷에서 책을 사도, 주유소에서 기름을 넣어도 마일리지가 적립되는 '마일리지 세상'에 살고 있다. 그러나 대부분의 마일리지 제도는 재구매시 가격 할인, 리베이트(상품대금 중 일부를 환불해주는 것) 정도에 그쳐, 고객의 충성도를 한껏 끌어내기에는 부족함이 있다.

로열티 프로그램을 운영하는 기업이라면, 단지 우수고객이 되기 위해 비행기를 타고 호텔에 투숙하는 고객의 심정을 이해할 필요가 있다. 왜 그들은 여행 갈 일이 없는데도 시간과 돈을 쓰는 것일까. 그들이 진정 얻고자 하는 것은 그로 인해 얻을 수 있는 추가 마일리지가 아니라, 그로 인해 생기는 신분(우수고객 등급)의 변화와 혜택이다. 우수고객이라는 신분이 주는, 돈으로는 살 수 없는 가치를 얻고자 하는 것이다. 로열티 프로그램이 잘 갖춰지면 서비스나 제품이 설령 다소 미흡하더라도 고객의 충성도를 확보할 수 있을 뿐 아니라, 한 번 관계를 맺은 고객들과 평생 관계를 가짐으로써 '고객 생애 가치customer lifetime value'를 극대화할 수 있다. 로열티 프로그램을 마일리지 보너스의 경제적 관점이 아니라 돈으로 살 수 없는 혜택의 관점에서 접근할 때, 고객의 충성도가 진정으로 담보될 수 있을 것이다. 그것이 고객과의 진정한 소통경영이다.

좋은 로열티 프로그램의
세 가지 조건

충성스러운 고객을 만드는 것은 모든 기업의 꿈이다. 그리고 소통경영은 충성스러운 고객을 만들기 위한 주효한 방법 중 하나다. 고객의 충성도를 높이려면 당연히 제품과 서비스의 본질에 충실해야 하지만, 단골고객이 됨으로써 받게 되는 혜택을 고객들이 실감하도록 로열티 프로그램도 잘 만들어내야 한다.

수익성 있는 고객에 집중하라

충실한 고객층을 만들어내려면 수익성이 있는 고객과 없는 고객을 파악하고 이에 대한 차별적인 대응을 해야 한다. 자신이 제공하는 제품과 서비스로부터 가장 많은 이득을 주는 고객의 유형을 상정하고, 이들이 무엇을 불편해하고 무엇을 원하는지 고객의 입장에서 생각하는 자세가 필요하다. 즉 '아웃사이드 인'의 관점이 다시 한번 요구되는 것이다.

미국은 다양한 마케팅기법이 발달해 있는데, 그중 하나로 '시장 세분화'를 들 수 있다. 필자가 미국에 있을 때 한 신문에 호텔광고가 실렸다. 200달러의 숙박료를 99달러로 파격할인한다는 내용이었다. 마침 출장차 호텔을 이용해야 했던 필자는 그 호텔 콜센터로 전화를 걸었다. 그런데 숙박일정, 객실등급 등을 정하고 최종비용을 확인하는 과정에서 필자의 예상과 다른 금액이 나왔다. 당연히 직원이 99달러를 이야기할 줄 알았는데, 200달러라고 말하는 것이다. 다소 불쾌해진 필자가 따져물었다.

"무슨 소립니까? 광고에는 99달러라고 나와 있던데요?"

그러자 직원은 무슨 신문이었냐, 광고에 적힌 코드는 무엇이었냐며 꼬치꼬치 캐물었다. 우리나라에서는 쉽게 상상하기 힘든 풍경이다. 만약 할인광고를 내놓고 담당 직원이 정가를 말한다면, '바가지를 씌운다'며 노발대발할 일이 아닌가. 하지만 미국에서는 이것이 지극히 당연한 일이다. 기업의 시장 세분화전략 중 하나이기 때문이다. 그들의 기준에서는 광고를 보고 코드번호까지 외운 다음에 전화하는 사람은 반드시 할인가격일 때만 이용할 사람이다. 즉 할인전략은 정가라면 절대 이용하지 않을 고객을 끌어들이기 위한 전략이지, 정가에도 얼마든지 이용할 고객은 대상이 아닌 것이다. 그렇다면 신문광고를 보지 않았지만(즉 할인이 가능한지 모르지만) 호텔을 이용하기 위해 전화한 고객은 할인 대상자가 되지 않는 것이다. 각 소비자가 요구하는 수준, 지불 가능 능력에 따라 전략을 세분화해서 세우는 마케팅기법이다.

물론 이러한 시장 세분화전략은 문화권에 따라 고객의 반응이 다를 수 있기에 모두가 취할 수 있는 전략은 아니다. 하지만 고객을 세세하게 구분하고, 각 고객에 대한 이해와 분석을 통해 전략을 세우는 자세만은 충성고객을 만들고 싶은 많은 기업에 의미 있는 시사점이라고 하겠다.

돈을 주고 고객을 사지 마라

고객을 돈을 주고 사서는 안 된다. 고객에게 주는 혜택에 너무 많은 돈을 써서는 안 된다는 뜻이다. 많은 비용이 수반되는 혜택을 퍼주다보면 과도한 마케팅 비용으로 재무적 문제도 생기지만, 자칫 오래 지속돼야 할 고객과의 관계에 부정적인 영향을 줄 수 있다. 돈을 주고 산 고객은 더 큰 눈앞의 이익에 언제든 떠날 수 있기 때문이다. '고객이 돈으로 살 수 없는 것이 무엇일까'라는 관점에서 고객의 라이프스타일과 생활패턴을 이해하는 것이 필요하다.

고객의 욕망을 자극하라

우수고객의 등급, 조건, 혜택 등을 잘 정리하고 고객에게 사전에 잘 알려야 한다. 국내 어떤 브랜드는 VVIP 회원 자격요건을 대외비로 한다는데, 어떻게 고객 충성도를 확보할 수 있을지 의문이다. 고객이 자격요건을 미리 알고 그것을 만족시키려고 노력하는 가운데 로열티가 생기는 것이 아닐까.

장차 우수고객이 될 수 있는 유망고객들에게 우수고객 혜택을 미리 체험할 수 있는 기회를 제공하는 것도 좋은 방법이다. 현대백화점은 기존 우수고객의 추천이나 자체 기준에 맞는 고객들에 대해 자사 우수고객 프로그램인 '자스민 클럽'의 서비스를 체험하게 하고 있다.

세상에
완전무결한 제품은 없다
트레이드오프

우리나라는 통신, 디지털가전, 자동차 등에서 세계 정상급 성과를 보여주고 있다. 우리나라의 산업수준 못지않게 우리 소비자들의 관심과 수준도 높아 우리의 산업을 견인하는 큰 힘이 되고 있다. 특히 요즘처럼 인터넷과 소셜네트워크서비스(SNS)의 발전으로 외부 소비자가 참여하는 '개방형 혁신open innovation'의 중요성이 강조되는 시대에, 이런 수준 높은 소비자와 얼리어답터early adopter는 우리의 큰 자산이라고 할 수 있다.

얼리어답터들은 신제품에 대한 관심과 풍부한 지식을 바탕으로 새로운 제품이 출시될 때마다 의미 있는 평가를 내놓으며, 소비자들의 구매 결정에 좋은 잣대가 되고 있다. 한편으로는 일반 소비자들이 미처 깨닫기도 전에 작은 불편함이나 결함을 찾아내 문제를 제기하면서 소비자 파워를 높이기도 한다. 기업들은 때로는 내부 개발자보다 더 전문가다운 외부 소비자들의 의견에 긴장하고 그들의 날카로운 비판을 겸허히 받아들이며 제품의 품질을 업그레이드하기 위해 노력하고 있다. 그런데 우리나라 얼리어답터들의 수준이 높고 목소리도 크다보니 다른 나라에서는 전혀 문제가 되지 않은 것들이 우리나라에선 문제로 부각되는 일들도 종종 발생한다.

가격과 품질 사이의
균형을 잡아라

필자가 소니코리아에 근무하던 때의 이야기다. 그전까지만 해도 한국시장에서 파는 제품들은 일본과 다른 선진시장에 먼저 출시한 다음, 시차를 두고 판매하는 것이 보통이었다. 그런데 소니 본사에서 처음으로 일본, 미국, 유럽과 동시에 한국에서도 소비자용으로는 최고 성능을 가진 디지털카메라를 출시했다. 이 같은 동시판매는 그동안 한국시장에 디지털 신제품을 빨리 판매해줄 것을 줄기차게 주장해온 충성고객들과 담당자들이 노력한 결과였다.

그런데 출시 전부터 얼리어답터들의 큰 관심을 끌었던 이 카메라는 출시되자마자 네티즌들 사이에서 뜨거운 논란의 대상이 됐다. 제품의 성능이나 디자인은 탁월한데 일부 사진에서 색상 차이가 생긴다는 것이었다. 전 세계적으로 동시에 출시된 신제품이었지만 유독 한국에서만 얼리어답터를 중심으로 문제 제기가 된 후 일반 소비자들에게까지 관심이 확산됐다.

이 현상을 제품의 결함이 아닌, 특수한 환경에서만 발생할 수 있는 이례적인 현상으로 이해한 소니 본사는 '차후 품질 개선과 애프터서비스는 하겠지만 환불이나 리콜은 불가능하다'는 입장이었다. 반면 이 문제를 해결하는 과정에서 만난 소비자들의 반응은 다양했다. 우선 '브랜드에 걸맞게 무조건 완벽한 제품이어야 한다'는 요구가 대부분이었다. 그러나 '디지털제품이 급속히 진화하고 발전하면서 신모델이 계속 출시되는데, 혹시나 이런 문제로 앞으로 한국시장에 신제품을 빨리 출시하는 것을 주저하게 돼서는 안 된다'는 우려도 많았다.

이런 우려는 충분히 고려해볼 만한 문제다. 제품을 개발할 때 일반적으로는 잘 쓰지 않는 상황까지 전부 고려하다보면 제품 도입이 늦어지고 추가비용이 들게 된다. 결국 새로운 제품을 합리적인 가격에 빨리 만나고 싶은 대다수 소비자들에게 불편함을 주게 될 수도 있는 것이다.

모니터를 예로 들어보자. 일반 가정에서 사용하는 컴퓨터 모니터와 미국항공우주국(NASA)에서 사용하는 모니터는 성능과 가격에 있어서 엄청난 차이를 보인다. NASA에서 우주선 발사를 모니터링하는 데 사용하는 제품은 작은 화질 문제나 품질 불안정도 허락되지 않기 때문이다. 이런 '전문제품professional product'의 경우 한 치의 실수도 없는 완벽한 제품을 만들기 위해 연구와 개발에 오랜 시간을 투자한다. 품질이 입증된 부품만을 사용하고 철저한 검증과정도 거친다. 따라서 전문제품은 연구·개발기간도 오래 걸리고 가격도 매우 높다. 일반 소비자들에게 파는 제품도 이처럼 출시하기에 앞서 완벽성을 추구할 수도 있을 것이다. 그러나 이 경우 소비자들은 완벽한 신제품을 만나기 위해 더 오랜 시간을 기다려야 하고 일반제품보다 훨씬 높은 금액을 지불해야 한다.

우리가 쓰는 것은 전문제품이 아닌 '소비자제품consumer product'이다. 일반 소비자의 사용환경에서는 거의 사용하지 않는 기능과 성능을 위해 과연 얼마나 오랜 시간과 얼마나 많은 돈을 투자할 수 있을 것인가. 그렇지 않으면 일반 소비자의 사용환경에 맞는 적정 수준의 품질을 정하고 좀더 감당할 만한 가격과 합리적인 시간 안에 만들 것인가.

이는 전적으로 트레이드오프trade-off 문제다. 트레이드오프는 '두 목표 가운데 하나를 달성하기 위해 다른 목표 하나를 포기하거나 달성시기를 늦추는 경우'를 뜻한다. 무엇이 소비자에게 최고의 가치를 줄 수 있을까. 소비자제품은 납기, 가격, 품질이 적정 수준에서 트레이드오프될 때 소비자에게 가장 큰 가치를 줄 수 있다.

그리고 그 트레이드오프의 조합을 결정하는 데 소비자의 역할이 점점 중요해지고 있다. 소비자가 양보할 수 없는 부분은 기업들이 존중해야 한다. 소비자의 참여와 협업이 중요시될수록 우리가 만드는 (전문제품이 아닌) 소비자제품의 경우, 어떤 제품규격과 사용품질이 적정 수준인지를 서로 소통하며 합의를 만들어가야 한다. 하지만 제조업체의 열린 생각과 더불어 소비자들의 소비자제품에 대한 성숙된 의식 역시 필요하다.

제품의 적정 수준은
공감과 교감으로 찾을 수 있다

그렇다면 어떻게 제품의 적정 수준을 찾을 것인가. 얼마 전 국내의 한 인기 스마트폰이 출시되자마자 제품의 품질에 대한 이야기로 한동안 인터넷이 뜨거웠다. 논란이 되었던 특정 현상을 제조업체에서는 특수한 사용환경이 비정상적으로 오래 지속될 때 일어날 수 있는 매우 예외적인 사항으로 별문제가 아니라고 본 반면, 소비자들은 불완전한 부품을 사용하는 바람에 발생하는 중요한 품질 문제로 인식한 것이다.

이런 시각의 차이를 이해하는 데 도움이 되는 좋은 비유가 있다. 홍성태 한양대 교수는 그의 저서 『모든 비즈니스는 브랜딩이다』에서 존 그레이John Gray의 『화성에서 온 남자, 금성에서 온 여자』에 빗대 오늘날 마케팅의 많은 문제가 '화성에서 온 마케터, 금성에서 온 고객' 때문에 비롯된다고 설명하고 있다.[64] 그는 마케터들은 '남성적 문제 해결'에 주안점을 두지만 실제 고객들이 원하는 것은 '여성적

이해와 공감'이라고 설명한다.

다시 말해 시장에서 사랑을 받고자 하는 기업이라면 소비자와 원활한 소통을 통해 '소비자제품'의 '적정한 수준'에 대한 통찰력을 가지고 가치제안value proposition을 잘 만들어가야 한다. 가치제안이란 기업이 고객의 욕구를 충족시키기 위해 제공하는 '이익'의 총합을 뜻한다. 즉 제품의 적정 수준을 찾는 데 있어 고객의 욕구를 고려하는 것이 중요한데, 이때 다음과 같은 점을 염두에 둘 필요가 있다.

기업의 마케팅 관점은 고객과의 공감에 기반을 둬야 한다

상품 기획단계에서 제품의 품질수준을 결정할 때부터 고객과의 공감이 필요하다. 별로 중요하지 않게 생각한 부분이 문제가 되기도 하고 때로는 업계 최고의 성능을 가진 제품도 고객이 그 필요성을 느끼지 못해 실패하는 경우를 종종 본다. 이들의 공통점은 소비자들의 입장에서 공감하는 제품의 수준을 결정하기보다는 기업의 입장에서 제조의 논리로 일방적으로 결정한 경우들이다.

소비자의 기대수준을 이해하고 초월하기 위한 '가치제안'

유럽 항공사인 이지젯easyJet은 자사의 고객이 진정 필요로 하는 것이 무엇인가를 연구한 끝에, 다른 항공사가 당연시 여기던 무료 기내식과 과도한 서비스를 없앴다. 여행사를 통한 티켓 판매도 없애고 티켓의 95퍼센트를 인터넷으로 판매해 수수료 부담을 줄였다. 이렇게 해서 운임을 낮추는 대신, 고객들의 안전을 위해 새 항공기로 운항하고 정시 운항을 지키려 노력한 끝에 가장 성공한 유럽 내 저가 항공사로 우뚝 서게 됐다. 제품이나 서비스의 적정 수준을 찾아낼 때, 인시아드의 김위찬 교수와 르네 마보안 교수가 공저한 책『블루 오션전략』에서 이야기하는 '가치제안의 네 가지 프레임워크'도 도움이 된다.[65] 정리하자면 이렇다.

가치제안의 네 가지 프레임워크

첫째, 업계에서 당연히 여기고 있는 것 중에서 없애도 되는 것은 무엇인가?
둘째, 업계 평균 이하로 줄여도 되는 것은 어떤 것인가?
셋째, 업계 평균 이상으로 향상시켜야 하는 것은 무엇인가?
넷째, 어떤 것을 업계 최초로 도입해야 하는가?

시장의 관점에서 생각하는 방법이지만, 소비자의 기대수준을 알기 위해선 시장을 읽는 것이 중요하기에 참고하면 좋을 자료다. 시장에서 평균 이상의 성과를 내는 것은 소비자의 기대수준을 잘 이해하고 고객의 그러한 기대수준을 초월하려는 기업들의 몫임을 기억해야 한다.

소비자 역시 양보가 필요하다
제품의 적정 수준을 찾기 위한 기업의 노력은 아무리 강조해도 지나침이 없지만, 제품에 대한 소비자의 관점 역시 좀더 현실적이었으면 좋겠다. 같은 값이면 모든 기능이 있고 완전무결한 제품이면 좋겠지만, 꼭 필요한 것을 얻기 위해서는 소비자도 무엇인가를 포기할 수 있어야 하지 않을까.

당신은 고객의 심리를
짐작하는가, 파악하는가?

고객의 마음을 읽어야만 마음을 살 수 있다.

3부

사랑받는 기업에서 '오래' 사랑받는 기업으로

: 왜 경영하는가

6장

조직경영

우리가 사랑받는 기업을 넘어 오래 사랑받는 기업이 되기 위해서는,
우선 조직을 제대로 경영하는 것부터 시작해야 한다.
제대로 굴러가지 않는 조직이 제대로 일하기란 결코 쉽지 않은 일이기
때문이다. 협력을 가로막는 '사일로 간의 칸막이'를 없애고,
브레인스토밍이 아닌 '하트스토밍'으로 하나가 되며, '지렛대경영'을 통해
변화를 꾀하는 일은 조직경영의 주요 방법론이라 할 수 있다.

소니는 왜 아이팟을
만들지 못했을까

사일로경영

필자가 미국에서 근무할 때의 일이다. 당시 삼성은 디지털방송 시작을 계기로 고화질디지털TV(HDTV)를 새로운 전략제품으로 삼아 미국시장에서의 도약을 꿈꾸고 있었다. 그러나 그때까지만 해도 시장이 제대로 만들어지지 않아 매출이 많지도 않았고, 국내에서 완제품으로 들여와 판매하다보니 아직은 가격경쟁력이 없었다. 때문에 적자에서 벗어나지 못하는 실정이었다.

그러던 중 해당 사업부에서는 '몇 대 팔지도 못하는데 시장이 성숙될 때까지 미국에서는 TV 판매를 중단하자'는 의견을 보내왔다. 사업의 손익을 책임져야 하는 사업부의 입장이 이해되지 않는 것은 아니었다. 하지만 디지털시대의 강자가 되겠다고 유통업체를 설득하는 회사가 디지털시대의 중심에 있는 TV를 판매하지 않는다면 우리에게 무슨 미래가 있을 수 있단 말인가.

새해 초, 회사 전체의 연례 전략회의에 참석하기 위해 본사로 들어왔지만 머리는 온통 이 문제로 가득 차 있었다. 전략회의가 시작되고 미국법인의 현안에 대해 발언할 기회가 주어졌다. 필자는 다소 엉뚱할 수도 있는 화두를 꺼냈다.

"맥도날드에는 세 개의 사업부가 있다고 합니다. 햄버거사업부, 감자사업부, 그리고 음료수사업부입니다. 그런데 햄버거는 경쟁사의 낮은 가격대에 맞춰 1~2달러에 파는 가격경쟁을 하다보니 늘 적자를 면치 못한다고 합니다. 평균 30퍼센트 정도가 적자랍니다. 반면에 감자는 40퍼센트 정도 흑자, 음료수는 60퍼센트 정도 흑자가 난다고 합니다. 감자와 콜라를 팔면 이익이 남는데 햄버거는 팔면 팔수록 손해라는 거지요. 그렇다고 맥도날드가 이제부터 이익이 나는 감자와 콜라만 팔고 햄버거는 팔지 않겠다고 한다면 어떻게 되겠습니까? 햄버거를 팔지 않는 맥도날드가 얼마나 오랫동안 맥도날드 간판을 달 수 있을까요? 마찬가지로 TV를 팔지 않는 가전회사가 어찌 주류 가전회사라고 할 수 있겠습니까?"

햄버거가게 이야기에 빗대어 미국시장에서 TV사업을 포기할 수 없다는 주장을 피력한 것이다. 이 논의를 계기로 미국시장에서 TV사업의 중요성에 대한 합의를 이루게 됐고, 덕분에 TV사업을 계속할 수 있었다.

부서 이기주의를 극복하고 미국법인의 고민을 일거에 해결할 수 있었지만, 돌이켜보면 지금도 아쉬움이 남는다. 회사의 현안을 효과적으로 해결하긴 했지만, 전체 임원들이 모인 자리에서 이런 이야기로 상대 사업부의 입장을 곤혹스럽게 한 것이 제대로 된 커뮤니케이션 방법이었던가. 그리고 그 못지않게 아쉬운 것은 TV 판매 결정이 해당 사업부의 손실 부담에 대한 해결 없이 회사 전체의 논리에서만 이뤄졌다는 것이다. 인센티브나 관리 시스템의 조정 없이 명분만 가지고 특정 사업부의 일방적인 희생을 요구해서는 지속적인 시너지 창출이 어려울 수밖에 없다.

무엇이
협력을 가로막는가

경영학에서는 회사의 조직이 커지면서 사업별 책임경영을 강조하다 생기는 문제를 '사일로효과silo effect'라고 말한다. '사일로'는 곡식을 저장해두는 원통형의 독립된 창고를 뜻하는데, 조직의 각 부서들이 사일로처럼 서로 다른 부서와 담을 쌓고 자기 부서의 이익만 추구하는 현상을 사일로효과라고 칭하는 것이다.

부정적인 의미가 강한 듯하지만 사실 '사일로경영'은 책임경영을 위해서는 효율적인 방법이다. 사업부가 제품별 특징과 실적에 따라 서로 다른 전략을 세우는 것은 불확실한 시장에서 살아남기 위해 필요한 일이기 때문이다. 그런데 왜 사일로가 극복해야 할 대상으로 인식된 것일까.

소니는 일찍부터 사일로경영을 시도한 회사다. 소니는 사업이 점점 확대되고 규모가 커지면서 급속한 환경 변화에 대해 각각의 사업이 신속히 대응할 수 있도록, 사업부가 별도의 독립회사처럼 운영되는 컴퍼니company 제도를 도입했다. 책임경영과 현금 흐름을 개선하기 위해 해당 사업부가 손익에 대한 책임뿐 아니라 자산에 대한 책임까지 지는 가장 강력한 사업부 제도였다. 그러나 이후 각 컴퍼니가 독자적으로 운영되고 경쟁이 심화되면서 사일로경영의 부작용에 제대로 대처하지 못한 아쉬움이 있다. 호사가들이 제기하는 '왜 소니가 아이팟을 만들지 못했는가?'라는 질문의 답도 여기에 있지 않을까 한다.

소니는 한때 혁신기업의 대명사였다. 음악은 실내에서만 듣는 것이라는 고정관념을 깼던 워크맨은 그야말로 1980년대판 '아이폰'이었다. 하지만 2012년 그런 혁신의 동력이었던 워크맨을 출시한 지 33년 만에 생산을 중단한다는 발표를 내놓았다. 많은 사람들이 갖는 의문은 워크맨이라는 채널뿐 아니라 소니뮤직이라는 거대 콘텐츠까지 가졌던 소니가 왜 아이팟을 만들지 못했는가이다. 기술도 있고 콘텐츠까지 있었는데 말이다. 물론 워크맨의 단종은 소니의 최근 실적과 연관시키기보다는 이제 전 세계적으로 아날로그시대가 완전히 끝났다는 데 의미를 찾을 수 있다.[66] 그렇기에 우리는 워크맨의 단종보다는 왜 워크맨이 아이팟으로 이어지지 못했는가에 주목해야 한다.

사실 오늘날의 아이팟과 같은 디지털뮤직플레이어는 소니가 애플보다 먼저 만들었다.[67] 1999년 말, 세계 최대 규모의 컴퓨터 하드웨어 및 소프트웨어 관련 제품 전시회였던 '컴덱스COMDEX'에 두 모델이나 선보이기도 했다. PC사업을 하던 바이오 컴퍼니에서는 뮤직클립이라는 이름으로, 워크맨을 만들던 오디오 컴퍼니에서는 디지털워크맨이라는 이름으로 제품을 만들었는데, 바이오 컴퍼니는 오디오기술이 부족하고, 오디오 컴퍼니는 네트워크기술이 부족했다. 두 조직이 힘을 합했다면 어땠을까 하는 아쉬움이 드는 대목이다. 애플이 아이팟을 출시한 이후에는 소니의 자회사 형태로 존재하던 아이와Aiwa까지 가세해 세 개 컴퍼니에서 엇비슷한 세 개의 제품을 경쟁적으로 만들어냈다. 저마다 훌륭한 제품이긴 했지만, 아이팟에 비하면 조금씩 부족했다.

앞서 말했듯 소니는 컴퍼니 제도를 도입해 일찍이 사업부별 독립경영을 시도한 회사다. 그런데 이 컴퍼니 제도가 책임경영에는 효과적이었지만, 서로의 다른 기술을 합쳐 융·복합제품을 만드는 데는 오히려 걸림돌이 된 것이다.

또 음원서비스 쪽에서는 음반회사인 소니뮤직을 내부에 가지고 있었던 것이 시너지를 내기보다는 걸림돌이 됐다. 소니는 CD를 많이 팔아야 하다보니 애플에 비해 음원 불법 복제나 디지털파일 공유에 예민할 수밖에 없었고, 그 결과 MP3 포맷과 호환이 되지 않는 제품을 만들었다. 당연히 경쟁력은 떨어졌다. 소니뮤직이 아이튠즈 같은 음원 다운로드 서비스를 시작할 때, 다른 음반회사들이 참여를 꺼린 것도 문제였다.

그 결과 소니가 가진 수많은 강점에도 30여 년 넘게 지속해온 워크맨 신화를 이어가지 못했다. 만약 소니가 컴퍼니의 경계를 넘고 각 조직의 역량을 한곳으로 모아 제품과 뮤직스토어 사업을 만들었다면, 아이팟을 능가하는 우수한 융·복합제품을 만들 수 있지 않았을까.

세상이 변하고 있다. 사일로를 아우르는 회사의 핵심가치가 점점 중요한 자산으로 자리잡고 있다. 각각의 분야에서 전문제품을 만들기만 하던 '전문성의 시대'에서 서로 다른 기술을 합쳐 새로운 제품을 만들어내는 '융·복합의 시대'로 가고 있는 것이다. 이에 따라 이제 고객들은 사일로를 연결하는 새로운 비즈니스와 제품의 출시를 요구하고 있다.

사일로경영 자체가 나쁘다는 것이 아니다. 다만 사일로 간의 칸막이가 숨을 쉴 수 있어야 한다는 뜻이다. 사일로 간의 소통으로 이기주의를 극복하고 각각의 사일로가 가진 강점을 엮어낼 때 '성공 공식winning formula'을 만들어낼 수 있다. 즉 사일로경영과 사일로 관리 간의 밸런싱이 중요하다는 말이다. 그렇다면 밸런싱은 어떻게 잡아야 할까. 그 구체적인 방법들을 살펴보자.

밸런싱이란 균형감각을
유지하는 일

필자는 기업에서 오랜 기간을 일한 후 지금은 대학에 있다. 기업과 학교는 일하는 내용이나 방식이 다르지만, 한 가지 큰 공통점이 있다면 바로 '평가'에 관한 것이다. 회사에서는 부하직원의 업무와 능력을 평가하는 것을 고과, 학교에서는 학생의 수학능력을 평가하는 것을 학점이라고 다르게 부르지만 그 본질은 같다. 필자에게 두 가지 중 어느 것이 더 어렵냐고 묻는다면, 학생을 평가하는 일이 더 어렵다고 답하고 싶다. 그 이유는 학교에서 이뤄지는 평가의 일회성에 있다. 회사의 고과는 한 사람에 대해 여러 번에 걸쳐 평가를 하다보니 이번에 아쉬운 것은 다음번에 반영해서라도 균형을 맞춰갈 기회가 있지만, 학점은 한 학기의 성적을 딱 한 번 평가하고 끝내기 때문이다.

만약 부하직원의 업무성과가 A를 주기에는 부족하고 B를 주기에는 아쉬운 경우라면 어떻게 할까. 회사에 따라 다르지만 업적고과를 상·하반기 연 2회, 능력고과를 연 1회 한다면 한 해에 같은 사람에 대해 세 번을 평가하게 된다. 즉 상반기에 B로 고과를 줬지만 하반기에는 A를 주는 것으로 균형을 맞춰갈 수 있을 것이다. 단 상·하반기에 모두 비슷한 성과를 냈을 때를 가정한 이야기다. 반면 강의를 들은 학생에게 A를 주기에는 부족하고 B를 주기에는 아쉽다면 어떻게 할까. 학교에서는 한 학기 수업이 끝나고 나면, 그 학생이 필자의 수업을 다시 듣지 않으니 균형을 맞출 수도 없어 더욱 고민하게 된다. 필자는 나름 학기 내내 학생들의 수업 준비와 참여도를 평가하고 기록하면서 학점을 정확히 평가하려고 노력하지만, 지나고 나면 늘 아쉬움이 남는 것은 어쩔 수 없다.

균형감각을 가지는 것 또는 균형을 잡아가는 노력, 즉 밸런싱은 기업이든 학교든 우리 사회생활 전반에서 중요한 역할을 한다. 일본 작가 시오노 나나미는 『로마인 이야기』에서 "균형감각이란 서로 모순되는 양극단의 중간점에 자리를 잡는 것은 아니다. 양극단 사이를 되풀이해 오락가락하고 때론 한쪽 극단에 가까이 접근하기도 하면서 문제해결에 가장 적합한 한 점을 찾아내는 영원한 이동행위다"라고 풀이했다.

A가 정답이고 B는 오답이라는 흑백논리는 경영에서 통하지 않을 때가 많다. 역동적인 경영환경에서는 상황과 변수에 따라 어떤 경우엔 A를, 어떤 경우엔 B를, 또 때로는 A도 B도 아닌 A와 B 사이의 어떤 위치에서 전략을 취해야 하며, 이 적정 수준을 찾는 것이 의사결정의 요체가 아닌가 한다. 균형감각을 가진 기업만이 지속경영이 가능하다. 눈앞의 성과에 흔들리거나 자만하지 않고 초심을 지키며, 다양한 시각과 관점을 가지고 변화에 능동적으로 대처하는 것이 밸런싱경영이다.

밸런스(균형)가 정적인 개념이라면, 밸런싱(균형감각)은 그 균형을 잡아가는 동적인 개념이다. 즉 비즈니스에서 균형감각이란 주어진 상황을 제대로 파악하고 이해 당사자들의 입장을 최대한 반영하는 일로, 능동적인 대처와 지속적인 절충을 통해 균형을 잡아가는 일이라 할 수 있다. 그렇다면 어떻게 기업 임직원의 균형감각을 최고로 가져갈 수 있을까.

첫째, 열린 기업문화 없이는 균형감각도 없다. 어제와 오늘이 전혀 다르게 펼쳐지는 시대다. 빠르게 변화하는 흐름과 각종 변수들을 받아들이고 이해하며 이에 상응하는 신속하고 유연한 대처가 따라야 한다. 오래 살아남는 종種은 강한 종이 아니고 적응을 잘하는 종이다. 확정된 전략을 고집하기보다 전략은 언제든 수정될 수 있다는 열린 자세가 중요하다.

둘째, 조직 내 '임파워먼트empowerment**'가 이뤄져야 한다.** 많은 중견기업들에서 중간관리자들의 균형감각이 중요하다는 사실을 알고 있음에도 잘 발휘되지 않는 이유는, 임파워먼트가 부족하거나 의사결정 구조가 복잡함에 있다. 아래에서 위로 보고하고 다시 위에서 아래로 지시를 내리는 과정에서 많은 시간이 소요될 뿐 아니라 중간관리자들의 균형감각도 훼손되고 있다.

셋째, 균형감각은 비전과 현실 사이의 조화를 찾는 것이다. 멀리보는 안목과 순간적인 판단력이 잘 어우러질 때, 지속가능경영이 이뤄진다. 이와 관련 독일의 제약·화학회사 머크Merck의 지속가능경영 사례가 돋보인다. 머크는 화학과 제약이라는 두 가지 큰 축을 300년 넘게 유지하면서 시장상황과 흐름에 따라 끊임없이 사업모델을 변화시켜왔다. 장기적인 관점에서 기업의 정체성과 주력분야를 굳게 지키면서, 세부적인 모델은 늘 새롭게 정의하고 변화시킴으로써 창립 300년이 넘도록 굳건히 건재하고 있다.

사일로 간의 칸막이를
숨 쉬게 하는 두 가지 방법

사일로경영에서 중요한 것은, 무조건 사일로를 타파하거나 사일로를 고집하는 극단적인 전략이 아니라, 사일로를 바탕으로 한 책임경영을 유지하면서 사일로 간의 원활한 소통을 이루어내는 일이다.

전략적 민첩성은 공유를 이끈다

'부분 최적'이 '전체 최적'이 아닐 수 있다. 단기적으로 일부 사업부에서는 적자를 보더라도 회사의 전체적인 성과에 부합한다면, 이로 인한 특정 사업부의 손실을 '전략적 손실'로 이해하며 평가하고 보상하는 시스템이 자리잡혀야 한다. 협력에 따른 보상과 인센티브 제도, 시너지를 창출하기 위한 전사적인 조직의 적극적 역할, 최고경영자의 강력한 관심이 필요하다.

인시아드 경영대학원의 이브 도즈 교수는 저서 『신속전략게임』에서 '전략적 민첩성strategic agility'이 기업 성공의 중요한 요소라고 지적

했다.[68] 사업부 간 '성공사례best practice'를 공유하고, 필요에 따라 인적·물적 자원을 제때 이동시키는 조직의 유동성이 중요하다. 사업부장을 포함한 정기적인 순환보직도 사일로 타파에 도움이 된다. 소니가 '사내모집 제도'를 통해서 사내 인재의 유동성을 제고하려던 노력은 이런 관점에서 의미 있는 사일로 극복대책이었다.

강력한 비전은 사일로 간의 통로가 된다

회사의 확고한 비전과 공동의 목표는 각자의 역할을 분명히 함으로써 나아가야 할 방향을 제시하고 모호성을 없애는 중요한 역할을 한다. 비전을 공유한다는 것은 더 큰 가치를 제시함으로써 넓은 시야로 세상을 볼 수 있도록 도와준다는 의미다. 버클리 대학의 데이비드 아커 교수는 저서 『스패닝 사일로』에서 "비전처럼 강한 브랜드를 구축해나가는 것도 사일로 간의 통로를 만들어주는 좋은 방법"이라고 이야기하고 있다.[69] 그는 사일로를 타파하기 위한 방법으로 다음과 같은 대안을 제시한다.

1. 올바른 역할과 업무범위를 설정하라.
2. 신뢰와 참여를 이끌어내라.
3. 사일로 조직을 연결하기 위해 팀과 그밖의 수단을 활용하라.
4. 공통으로 활용될 수 있는 기획 프로세스와 정보 시스템을 개발하라.
5. 마스터 브랜드master brand를 사일로시장에 적용하라.

6. 포트폴리오 차원에서 브랜드의 우선순위를 정하라.

7. 사일로 세계에서 성공할 수 있는 마케팅을 개발하라.

사일로는 어떻게 다루느냐에 따라 조직의 소통을 막는 독이 될 수도, 조직의 역량을 강화하는 힘이 될 수도 있다. 무조건적인 타파보단 효과적인 사용을 고민해야 하는 이유다.

협력을 위해 무엇을 하고 있는가?

각자의 자율성은 존중하면서,
서로의 소통을 원활케 하는 균형감각이 필요하다.

마음이 통해야
생각도 통한다

하트스토밍

연초가 되면 대부분의 기업들은 한 해의 사업목표 및 실행계획을 수립하고, 전사적으로 공유한다. 이를 위해 흔히 수반되는 것 중 하나가 전략 도출을 위한 브레인스토밍brainstorming이다.

하지만 『드림 소사이어티』로 유명한 세계적 미래학자 롤프 옌센은 '머리'로 아이디어를 짜내는 브레인스토밍보다 '마음'으로 생각과 정서를 나누는 하트스토밍heartstorming이 중요하다고 역설한다.[70] MBN의 최은수 박사도 그의 저서 『넥스트 패러다임』에서 "직원들의 마음, 감성을 흔들라"고 강조하면서 하트스토밍 시대의 도래를 이야기하고 있다.[71]

기업의 관점에서 하트스토밍이란, 조직원의 마음을 하나로 모으고 하나의 비전을 향해 움직이도록 만드는 '정서적 연대'라고 할 수 있다.

모두의 주어가 '나'가 아닌 '우리'가 되는 순간

필자가 삼성전자 미국 가전부문을 맡았을 때의 이야기다. 당시 우리는 디지털시대를 눈앞에 두고 앞으로 나아갈 방향에 대해 전략을 세우고, 유통 파트너들에게 우리가 당시에 가졌던 역량보다는 비전과 가능성을 어필하고자 노력하고 있었다. 그런데 유통업체들을 직접 만나 설득해야 할 현지직원들의 움직임은 기대 이하였다. 실제 일을 이뤄내기보다는 '안 되는 이유'를 남(회사와 다른 부서)에게서 찾기만 했다. 직원들은 회사가 세운 비전과 논리를 이해는 하지만, 공감은 하지 않았던 것이다. IMF 외환위기로 회사 전체가 힘든 때였는데 특히 미국법인은 누적되는 적자와 책임자들의 잦은 교체로 분위기가 더 어수선했다.

'새로 맡은 저 사람도 저러다 언제 또 떠날지 모르겠다. 회사가 언제는 잘해보겠다고 하지 않았나?'

오래 근무한 직원들일수록 마음을 열지 않았다. 그들의 마음을 얻어야 거래처도 설득할 수 있다는 생각으로 리더급 직원 50여 명과 주재원 10여 명이 함께 1박 2일 워크숍을 떠났다. 이 워크숍의 목적은 단 하나, '우리는 하나'가 되는 일이었다.

모두가 하나라는 분위기 형성을 위해서는 윗사람과 아랫사람, 주재원과 현지인 사이의 간극을 없애고 모두가 마음을 터놓고 솔직한 대화를 하도록 이끌어야 했다. 그래서 통상 워크숍 때 사용하는 일반적인 호텔 대신에 가족 단위의 휴가객들이 즐겨찾는 빌라 형태의 숙소를 잡았다. 일정이 끝나도 각자 방에 들어가 있지만 말고 거실에 모여앉아 같이 이야기하게 하려는 의도였다. 그리고 더욱 중요한 의도가 한 가지 더 있었다.

각 빌라에는 세 개의 침실과 하나의 거실이 있었다. 이런 경우 주로 회사에서 직급이 높은 순으로 좋은 침실을 선택하는 것이 우리보다 수평적 문화인 미국에서도 일반적이다. 그러나 그날 우리는 평소와 다른 침실 배치를 선택했다. 화장실까지 딸려 있는 마스터 베드룸을 가장 직급이 낮은 직원이 사용하고 상사는 거실에서 자도록 관리자들과 미리 의견을 맞춰놓았던 것이다. 필자도 물론 가장 불편한 거실을 차지했다. 마스터 베드룸을 배정받은 직원은 어쩔 줄 몰라 하며 계속 사양했다.

"오늘은 이것이 워크숍 규칙입니다."

필자 역시 뜻을 굽히지 않고 소파베드를 고수했다. 언제나 상사가 상석을 차지하는 관례를 깸으로써, 상사와 부하 사이에 존재하는 거리감을 조금이라도 없애보려는 시도였는데, 다들 얼떨떨해하면서도 이 보기 어려운 광경을 내심 즐기는 눈치였다.

방 배정 후, 세미나룸에 전원이 둘러앉아 "오늘은 집에 갈 걱정을 하지 않아도 되니 편히 술도 한잔하면서 서로의 간격을 좁혀보자"고 운을 뗀 뒤, 술잔을 돌렸다. 안 마시겠다는 사람이 있을 때는 "그러면 제가 대신 마시지요"라며, 필자가 연거푸 서너 잔을 마셨다. 그러다 술을 못 먹는 한국인 주재원 순서가 오니 미국인 직원이 "내가 대신 먹겠다"며 나서는 등 '현지인 흑기사'도 등장하면서 분위기가 점차 고조됐다.

숙소 배정의 서프라이즈와 흑기사들의 등장은 모두의 마음을 열게 했고 자연스럽게 말문도 열린 듯했다. 그동안 짧은 시간에 많은 일들을 해내려다보니 직원들과의 소통이 부족해 회사의 비전이나 지시를 이해하지 못한 일도 많고 '속도전의 후유증'이 있다는 이야기도 나왔다. 예컨대 당시 삼성은 디지털시대를 맞아 1등 기업이 되자는 목표를 세웠는데, 미국인 직원들은 '절대 이룰 수 없는 목표'라며 회사 비전에 공감하지 못하고 있다는 사실이 드러났다. 또한 '빨리빨리' 일처리를 주문하는 주재원들의 요구에 현지 직원들은 '몰아붙이기식'이라며 강한 반감을 가지고 있었다. 이러한 현지 직원들의 불만을 들으며 주재원들은 그들 나름대로의 애로사항도 자연스럽게 설명했다. 평소라면 쉽게 털어놓지 못할 고충이나 조직에 바라는 점들을 모두가 편하게 말하고 있었다.

무엇보다 고무적인 사실은 어느덧 모두가 사용하는 주어가 '나' '너'가 아닌 '우리'가 돼가고 있었다는 것이다. 구성원들이 갖고 있는 솔직한 생각을 알 수 있는 상향식 소통이었으며, 개인의 개성과

감정을 중요시하는 미국식 문화와 팀 속에서 조화를 강조하는 한국식 문화가 시너지를 이루는 소통이었다. 그야말로 하트스토밍의 생생한 현장이었던 셈이다.

다음날 오전, 어느 때보다 진지한 토론을 진행하고 워크숍을 마쳤다. '우리 같이 잘해보자'는 단합의 구호를 외치지도 않았고, '우리가 하나가 돼야 한다'는 더이상의 당부도 없었다. 하지만 워크숍 이후 모든 구성원이 '우리'를 먼저 생각하고, 남이 아니라 스스로에게서 문제점을 찾기 시작했다.

워크숍에 참석하지 않은 직원들에게도 "워크숍에서 우리가 느끼던 불만이나 바라는 점 등이 솔직하게 이야기됐다" "보스가 소파에서 자고 내가 마스터 베드룸을 썼다"는 이야기들이 전해지면서, 자연스레 거리가 좁혀지고 모두 하나가 됐다. 그리고 그런 인간적인 유대감으로 뭉친 우리는 삼성을 업계 1위로 만들어낸 강력한 팀이 될 수 있었다. 그로부터 몇 년 후, 필자가 삼성을 떠나 소니로 이직을 고심할 때, 실상 필자를 가장 힘들게 했던 부분도 바로 조직원들과의 이런 유대감이었음을 기억한다.

마음이 통해야 생각도 더 잘 통한다. 가슴이 열려야 머리도 열리는 법이다. 워크숍뿐 아니라 사무실에서의 일들도 브레인스토밍으로만 이뤄지기보다는 서로의 마음을 들여다보는 하트스토밍이 선행돼야 하는 이유가 여기에 있다. 정서의 연대가 행동의 연대를 만드는 것이다. 하트스토밍의 방법은 조직의 상황이나 때에 따라 다르겠지만, 모든 기업이 직원들에게 '머리'로 비전과 전략을 따르기를 요구하기 전에 먼저 '마음'으로 소통하려는 자세가 필요하지 않을까.

하트스토밍으로
정서적 연대감 고취하기

하트스토밍은 분위기 형성이 관건이다. 단발성 회식이나 워크숍만으로 조직원들이 공감하고 정서적 연대감이 생기지는 않을 것이다. 평소에 서로가 공감할 수 있는 조직 문화를 만들어야 한다. 그렇다면 효율적인 하트스토밍을 위해서는 어떻게 해야 할까.

'경계'를 허물면 하나가 된다

조직 내에서 위계질서는 조직의 체계를 잡는 데 필수적인 요소이지만, 하트스토밍을 위해서는 잠시 그 위계를 내려놓을 필요가 있다. 서구식 기업에서는 직급 없이 이름first name만 부르는 경우가 대부분이다. 상사와 부하가 아닌 대등한 인격으로 다가갈 때, 지시와 명령 대신 대화가 이뤄지고 진정한 감정의 교류가 가능하다.

우리나라 기업 중에도 가장 일하기 좋은 기업 중 하나로 꼽히는 유한킴벌리는 2011년 초부터 직급 대신 '님'을 붙여 호칭을 통일했다.[72] CJ그룹은 무려 11년 전부터 직급 호칭을 없앴다. 덕분에 직급이 낮거나 상대적으로 젊은 사원도 과감하게 자신의 의견을 밝힐 수 있는 창의적인 기업문화가 조성됐다고 한다. 이처럼 수평적인 조직문화는 하트스토밍의 좋은 출발점이다.

감성 스킬은 배려의 시작이다

하트스토밍을 위해선 무엇보다 리더의 감성 스킬이 중요하다. 즉 조직의 분위기를 이해하고 조직원의 감정을 인식하며 관리해주는 감성경영이 필요하다. 감성경영의 새로운 혁신 툴로 하트스토밍을 소개하는 책『사람과 조직을 끌어당기는 하트스토밍』을 보면, 리더의 감성 스킬을 크게 네 가지로 분류한다.[73] 감정 인식능력, 감정 이해능력, 감정 활용능력, 감정 관리능력이 그것이다. 이를 활용하면 조직원들의 마음을 헤아려 배려하는 일뿐 아니라, 나태해진 분위기를 쉽게 알아채고 다잡는 일도 가능하다고 한다.

감성의 교류는 조직원을 대상으로 하는 것이 가장 우선이겠지만, 때로는 조직원의 가족들과 교감을 시도하는 것도 좋은 방법이다. 글로벌 의류업체 한세실업은 지난 2011년 50명의 신입사원 부모들에게 훌륭한 자녀를 보내준 데 대한 감사편지를 대표이사가 직접 써보낸 후 계속 확대 시행하고 있다. 이는 신입사원은 물론 부모들과도 수평적 소통을 통해 감성경영을 하려는 회사의 배려로 친밀감을 유도하는 스킨십경영이라고 할 수 있다. 감성 스킬의 좋은 사례이기에 그 편지를 그대로 소개해본다.

'글로벌 프런티어'의 꿈!
세계를 향한 비전!
한세실업이 돕겠습니다.

안녕하십니까? 한세실업 대표이사 이용백입니다.

먼저 귀한 자녀분을 훌륭한 인재로 키워주신 부모님께 존경과 감사의 말씀을 전합니다. 한세실업은 1982년 창립 이래 의류 수출사업만을 특화한 국내 최고의 의류수출 전문기업으로 미국인이 사랑하고 즐겨 입는 세계 유명브랜드의 옷들을 생산해 미국인 3명 중 1명은 한세실업의 옷을 입을 정도로 큰 인기를 구가하고 있습니다.

'한국과 세계를 잇는다'라는 사명처럼 국내에 만족하지 않고 전 세계를 무대로 글로벌 경쟁력을 키운 결과, 베트남·니카라과·과테말라·인도네시아 4개국에 7개의 해외법인에 2만 7000명의 임직원이 함께 일하고 있으며 작년 한 해에만 2억 300만 장의 의류를 수출해 8647억 원의 매출, 375억 원의 영업이익을 창출한 건실한 중견기업으로 성장했습니다. 차별화된 기업가치와 높은 기술력으로 인해 매년 수출폭이 늘고 있고 우리나라 경제에 한세실업이 한몫하고 있다는 사실에 저희 한세인들은 큰 자부심을 느끼고 있습니다.

이제 안정적인 한세실업의 기반을 바탕으로 글로벌 리더십 교육, 사내복지 향상에 초점을 맞춰 글로벌시대의 산업역군으로서 전문성과 열정을 갖춘 글로벌 리더로서 자녀분이 성장할 수 있도록 최선을 다하겠습니다. 미래사회는 직업만큼 어디서 일하는지가 굉장히 중요합니다. 한국을 벗어나 해외로 취업하려는 젊은이가 매년 늘고 있고 해외 취업을 준비하기 위해 시간과 돈을 들이는 젊은이들이 많은 현실에서 한세실업의 신입사원들은 좀더 빨리 글로벌 인재로서의 첫걸음을 하고 있다라고 감히 말씀 드리고 싶습니다.

의류 수출업체라는 특성상 업무 이해도 향상과 비전 공유를 위해 신입사원 전원 해외연수 제도 및 해외법인 근무 제도를 시행하고 있습니다. 이는 저희 회사만의 독특한 제도로, 향후 여러분의 자녀가 대한민국을 대표해 글로벌시장에서의 의류수출 전문가로 성장할 수 있는 초석이 되는 제도라고 확신합니다.

지금까지 부모님께서 자녀들의 든든한 지원자였다면 앞으로는 한세실업이 자녀들의 든든한 후원자가 돼 세계 최고의 인재가 될 수 있도록 정성을 다해 육성하겠습니다. 그간 6개월간 인턴십 제도를 무사히 마치고 6월 1일자로 정직원이 됐습니다. 앞으로 한세실업은 자녀들이 자신감과 자부심을 갖고 본인의 역량을 최대한 발휘할 수 있도록 최선의 지원을 아끼지 않을 것입니다.

다시 한번 훌륭하게 자녀를 교육시켜주신 부모님께 감사드리며 저희 한세실업에서 추구하는 비전과 가치를 부모님과도 함께 나누겠습니다.

감사합니다.

2011년 6월 1일
대표이사 이용백

"이런 합리적인 이유로 이렇게 해야 하니 여러분 상사인 내 말을 따라야 하지 않겠소?"

조직원들을 권위와 이성적인 논리만으로 움직이려 하면 조직원들은 또다른 논리로 자신들을 방어할 수도 있다. 리더가 팀원들 간의 조화로움을 창조하기 위해서는 서로의 감정을 자연스럽게 교감해 한마음이 될 수 있어야 한다.

더불어 무엇보다 진정성과 신뢰가 중요하다. 이를 위해서는 구성원들의 참여가 필요하다. 조직의 입장에서 모든 조직원의 의견을 수렴하고 반영하는 데는 한계가 있다. 여러 사람의 의견을 전부 실행할 수는 없지만 적어도 비전을 만들 때 같이 참여하게 하고 조직이 그 방향으로 갈 수밖에 없음을 공감하게 하는 것이 효과적이다. 조직이 나아갈 길, 우리가 이 일을 하는 이유를 확고히 정하고 이를 모든 직원들과 공감하도록 하자.

당신은 머리에 이야기하고 있는가,

가슴에 이야기하고 있는가?

마음이 통해야 생각도 통하는 법이다.

변화는 지렛대를
찾는 일에서 시작된다

지렛대경영

"최고의 순간은 아직 오지 않았다."

역사상 최초로 재선에 성공한 흑인 대통령 오바마가 2012년 11월 7일 대통령 수락연설에서 한 말이다. 앞으로도 얼마든지 더 좋은 변화를 이끌어낼 수 있다는 희망과 더 나은 변화를 만들겠다는 의지의 표출에, 많은 청중이 박수로 화답했다. 사람들은 늘 변화를 갈망한다. 자신이 더 훌륭한 사람이 되길 바라고, 회사가 더욱 성공하길 염원하고, 국가가 더욱 번창하길 희망한다. 하지만 변화를 향한 간절한 의지와는 별개로, 그만큼 힘들어하고 어렵게 생각하는 일이 또 변화다. 기존에 갖고 있던 것을 버리고 새로운 것을 이식하는 일에는, 많은 노력이 필요하고 숱한 진통이 뒤따르기 때문이다.

소니코리아에 불어닥친
'iBEST' 운동

　　　　　　　　　　　글로벌경영이 기업의 화두가 된 지
오래지만, 이를 제대로 실천하기는 쉽지 않다. 소니는 최근 실적 부
진으로 어려움을 겪고 있긴 하지만, 진정한 글로벌경영을 시도한 회
사로 평가받을 만하다. 2001년 안도 구니다케_{安藤國威} 사장을 처음 만
났을 때 그의 첫마디가 기억에 남는다.

"사장에 취임하고 나서 일본 본사를 포함해 전 세계 소니 오퍼레
이션_{operation}에서 100개의 중요한 자리를 꼽아봤어요. 그런데 거의
전부가 일본 사람이에요. 글로벌기업을 지향하는 소니가 이래서는
진정한 글로벌기업이 될 수가 없지요. 가장 중요한 자리 중 적어도
절반은 일본인이 아닌 외국인이 맡아야 회사가 생각하는 글로벌 변
화 관리_{change management}가 가능하다고 봅니다."

안도 사장은 시대를 앞선 글로벌경영자였다. 많은 기업이 글로벌
을 외치면서도 현지 영업이나 마케팅의 실무 책임자급 정도만 외국
인으로 뽑던 관행을 과감하게 깨뜨렸다. 필자를 소니코리아 대표이
사로 임명한 것도 그 일환이었다.

그렇게 소니코리아에 부임한 필자가 맡은 첫번째 과제는 노사 문
제 해결이었다. 전임 일본인 사장이 노사 문제로 중도에 본사로 돌
아간 직후라 노동조합과의 허니문 기간도 없이 시작한 임금 단체협
상을 마무리하는 데만 10개월을 써야 했다. 노조와 지루한 협상을

하며 긴 시간이 흘렀지만, 서로의 시각에 대해 많은 것을 이해할 수 있었던 것은 큰 성과였다. 직원들이 왜 업무에 방어적인 모습을 보이는지 처음엔 의아하게 생각했는데 만남을 거듭할수록 이해하게 됐고, 노조를 설립한 것도 한국시장과 한국인 직원들을 제대로 이해하지 못했던 일본인 경영진으로부터 스스로를 보호하기 위한 자구책이 아니었을까 하는 생각마저 갖게 됐다. 또 협상과정에서 노조 집행부도 안도 사장을 비롯한 새 경영진의 한국시장에서의 비전과 진정성에 대해 이해하게 됐다.

조직이 어느 정도 안정을 찾자 임직원 모두가 '성장을 위해서는 바뀌어야 한다'는 데 뜻을 모으게 됐다. 그런데 도대체 어디에서부터 변화의 첫 단추를 끼워야 한단 말인가. 마음은 모았으나 방법을 찾기란 쉽지 않았다.

직원 전체를 대상으로 사장이 아무리 설득한다고 해도 변화를 끌어내기가 쉽지 않아 보였다. 그때 필자는 '변화 추진자change agent' 역할을 기꺼이 맡아줄 직원들을 찾아나섰다. 적임자가 눈에 띄었다. 한 명은 초대 노조위원장 출신으로 직원들의 입장을 강력하게 개진하던 초급간부였고, 다른 한 명은 소니코리아의 역사와 문제점을 동시에 알고 있는 중견간부였다.

"멍석을 깔아놓을 테니 모든 내용을 꺼내보세요. 우리 힘을 모아 회사를 좀 바꿔봅시다."

대부분의 조직이 변화에 대한 목소리를 높이면서도 좀처럼 변하지 못하는 이유는, 늘 상대에게만 그것을 강요한다는 데 있다. 회사는 직원들에게 변화하라고 주문하고, 직원들은 회사가 변해야 한다고 말한다. 변화는 '요구'가 아니라 '노력'을 통해서만 가능한 것임을 깨닫지 못해 생기는 불상사라 할 수 있다. 이에 필자는 '회사와 노조, 경영자와 직원이 함께하자'는 제안을 했던 것이고, 노조도 긍정을 표했다.

삼고초려 끝에 초대 노조위원장을 '인사관리과장'으로, 또 중견 간부를 '경영혁신 태스크포스(TF) 책임자'로 영입했다. 이들은 직원 스스로 바꿔야 할 내용과 회사가 풀고 넘어가야 할 문제를 누구보다 잘 파악하고 있었고, 둘이 힘을 합친다면 모든 계층의 직원들과 소통할 수 있었다. 정확한 위치에 지렛대를 넣으면 작은 힘으로 무거운 물건을 손쉽게 들어올릴 수 있는 것처럼, 조직 변화의 지렛대 역할을 수행하기에 적합한 사람들이었다. 이들은 직원들이 자발적으로 참여하는 프로그램이 있어야 변화를 일으킬 수 있다는 의견을 내놓았다. 이렇게 시작한 변화경영 프로젝트가 '아이베스트iBEST 운동'이다.

아이베스트에서 'I'는 나(I)부터 솔선수범해서 바꿔나가자는 것, 'B'는 기본으로 돌아가자는 것(basic), 'E'는 쉬운 것부터(easy), 'S'는 작은 것부터(small), 'T'는 오늘부터(today)의 뜻이다. 즉 '직원 스스로 주인의식을 가지고 기본으로 돌아가서 쉽고 작은 것부터 당장 바꿔보자'는 결의였다.

효과적인 변화경영을 위한 'iBEST' 운동

I : 남에게 요구하지 말고, 나부터 변하자.

Basic : 가장 기초적인 것부터 시작하자.

Easy : 어려운 것보다 쉬운 것부터 시작하자.

Small : 큰 것 대신 작은 것부터 시작하자.

Today : 내일 말고 오늘부터 시작하자.

TF팀원들을 중심으로 자발적인 참여자가 점차 늘면서 스스로 변화하고 발전하려는 노력이 탄력을 받기 시작했다. 6개월 정도 지나자 효과가 나타났다. 한 부서에서 시작한 '칭찬 릴레이' '업무정보 공유' 등이 조직 전체로 퍼져나가기 시작했다. 스스로 동기부여가 된 덕분에 효율도 그만큼 높았다.

이러한 성과 뒤에는 경영혁신 TF팀원들의 눈에 보이지 않는 역할이 컸다. 위에서 일방적으로 시작하는 톱다운top down식 변화경영은 공감을 얻기 어렵고, 아래서부터 위로bottom up만 움직이면 추진력이 약하다. 조직의 변화에는 누군가가 위와 아래의 중간에서 지렛대 역할을 해주는 것이 중요하다.

지렛대를 활용하는 경영은 어디를 움직여야 파급효과가 가장 커질지를 생각하고 공략하는 것이다. 한 군데를 움직여서 다른 곳까지도 움직이게 하는 포인트를 찾아내는 것이 지렛대경영의 요체다. 처음 시작은 항상 어렵다. 하지만 어려운 일도 누군가가 실제로 성공하면 따라하는 사람들이 등장한다. 회사도 마찬가지다. 회사의 정책을 열심히 따라가서 성공하는 모습을 보게 되면, 별다른 독려나 지시가 없어도 직원들이 마음을 열고 자발적으로 동참하게 된다.

신규사업 발굴을 장려하고 싶은 회사라면, 신사업 아이디어를 처음 낸 직원을 과감하게 지원해주고 성공했을 때 그 성과를 인정해줌으로써 성공사례로 자리잡게 하는 것이 좋은 지렛대경영이다. 지렛대는 쓰기에 따라서 몇 배의 힘으로 무거운 것을 들어올린다. 경영에서 지렛대는 경영효율을 올릴 뿐 아니라 쉽게 이뤄내기 어려운 일들을 가능하게 해준다. 변화를 꿈꾸고 도모하는 조직이라면, 어느 길목에서 어떤 지렛대를 찾아서 어떻게 활용할 것인지를 고민해야 한다. 모든 경영에는 시의적절한 지렛대가 필요하다.

지렛대전략
활용법

지렛대전략은 조직의 변화 관리는 물론 마케팅에도 유용한 수단이다. 이 전략을 이용해서 성과를 내기 위해서는 조직이나 시장의 맥락을 잘 이해하고 전략을 수립해야 한다. 구체적인 방법은 다음과 같다.

영향력이 큰 사람을 확보하라

영향력이 큰 사람을 우군 또는 변혁 추진의 핵심멤버로 활용하라. PGA 올해의 선수상을 차지한 골프선수 로리 매킬로이Rory McIlroy가 최근 나이키와 사상 최고액으로 모델 및 전속용품 계약을 맺었다. 그를 동경하는 많은 아마추어 골퍼가 같은 상품을 구입하고 싶게 만드는 전략이다. 유명스타라는 지렛대를 활용해 수많은 소비자를 움직이게 하는 것이다. 이와 마찬가지로 조직의 변화 관리의 경우엔 특히 조직 안에서 몇 명의 유망한 핵심인재를 확보하는 것이 중요하다.

파급효과가 가장 큰 계층을 먼저 설득하라

마케팅을 할 때 상류층, 중산층, 서민층 중 누구부터 공략해야 더 효과적일까. 마케팅 전문가들은 중산층부터 공략하라고 한다. 중산층의 마음을 사로잡으면 그 위와 그 아래로 퍼뜨리는 일이 쉬운 까닭이다.

조직에서 회사의 새로운 정책을 시행할 때도 마찬가지다. 예를 들어 급여체계를 고정급에서 성과급으로 바꾸려 한다면, 성과가 중간 정도인 직원들을 먼저 설득한 뒤 이를 지렛대로 활용해 점차적으로 성과 부진자, 성과 우수자의 동의를 이끌어내는 것이 효과적이다. 실제 필자는 삼성전자 미국법인에서 이런 방법을 통해 별다른 문제나 불만 없이 현지 직원들의 급여체계를 성과급 중심으로 바꿀 수 있었다.

변화의 장점을 소통하라

조직구성원 또는 참여자들과 변화의 장점을 소통하고 두려움은 줄여야 한다. 새로운 정책이나 변화의 결과로 어떤 일이 생길지 미래상을 제시하고, 그로 인한 장점을 참여자 모두가 알 수 있도록 소통해야 한다. 인간은 변화를 두려워한다. 새로운 변화를 도모할 때 쉽고 사소한 일에서부터 하나씩 시작해 작은 변화를 만들어 긍정적인 경험을 갖게 한 다음에 커다란 변화로 나아가는 것이 지혜다.

7장

지속가능경영

지속가능경영은 모든 기업의 꿈이다. 그리고 앞서 살펴본 '무엇을' '어떻게' 경영할 것인가의 이야기는 지속가능경영을 위한 토대라고 할 수 있다. 아직 가장 중요한 한 가지가 남았다. 바로 '왜 경영하는가'에 대한 고민이다. 이것은 비즈니스맨이 일하는 이유, 기업이 사업을 하는 근본적인 이유에 대한 통찰이며, 조직을 이끄는 하나의 비전을 찾아내는 일이기도 하다. 왜 경영하는가라는 질문을 바탕으로, '승자의 덫'을 경계하고, '원조효과'에 자만하지 말며, '등로주의경영'을 해야 한다.

달콤한 성공에
젖어 있진 않은가

승자의 덫

2012년 한국 프로야구는 사상 최초로 관중 700만 명을 돌파하며 흥행몰이에 성공했다. 하지만 많은 관계자들은 외형적 성장에 기뻐하기보다 그 이면에 도사린 여러 문제들을 해결해야 한다고 입을 모은다. 특히 시즌 중반 삼성이 선두 독주체제를 갖추고 LG와 기아 등 초반에 활약했던 팀들이 4강에서 멀어지자 관중 수가 현격히 줄어든 것과 관련해 우려의 목소리도 적지 않다. 내년에도 잘하던 팀이 잘하는 비슷한 양상이 벌어진다면 흥행보증을 장담하기 힘들다는 것이다. 2012년 프로야구의 성공요인 중 한 가지로 시즌 초반, 하위권으로 예상됐던 LG, 넥센 등의 예상을 뒤엎는 활약이 있었다는 분석이 있다.

이러한 논의를 보며, 필자는 비즈니스계의 중요한 담론 하나를 떠올린다. 바로 '시장은 항상 새로운 승자를 기대한다'는 이야기다. 팀에 대한 호불호를 차치하고, 한 팀이 승리를 독식하는 일이 계속되다보면 팬들의 흥미는 떨어질 수밖에 없다. 반전이 없는 드라마는 식상하게 느껴지는 까닭이다. 예상치 못했던 다크호스, 기대를 뛰어넘는 반전의 주인공들은 드라마를 더욱 극적으로 만들고, 관객의 열광을 끌어낸다.

야구팬들은 프로야구가 없던 1972년 고교야구 황금사자기 결승전의 9회 말 승부를 잊지 못한다. 팀 창단 4년차의 신예 군산상고가 결승에 진출했다는 사실 자체가 이변이었고 뉴스였다. 더구나 8회까지 야구명문 부산고에 1 대 4로 뒤지며 패색이 짙던 군산상고는 9회 말 대역전극을 펼쳐 팬들을 열광시켰다. 반전이 없는 드라마는 지루하다. 지고 있던 팀의 역전 드라마, 꼴찌의 반란이야말로 게임을 더욱 흥미진진하게 만들고 사람들을 열광시킨다.

시장은 항상 '새로운 승자'를 기대한다

'새로운 승자'에 대한 기대와 열광은, 비단 스포츠에서만의 일은 아닐 것이다. 비즈니스세계도 마찬가지다. 소비자는 늘 새로운 제품, 새로운 기술, 새로운 디자인과 더불어 새로운 승자를 기다린다. 바꿔 말하면 현재의 승자들은 언제든 소비자의 외면을 받고 다른 강자에게 자리를 내줄 수 있다는 뜻이다. 이러한 사실을 인지하지 못한 많은 승자들이 맥없이 추락한 경우를 우리는 숱하게 봐왔다.

코닥과 노키아, 소니의 공통점이 무엇일까. 한때 1위 자리를 지켰으나 현재는 그 자리에서 물러난 기업들이다. 그 이유는 기업에 따라 다르겠으나 크게 보자면 한 가지, '승자의 덫'에 빠졌던 것으로 볼 수 있다. 소니는 아날로그에서 디지털로 넘어오는 시점에서 자신들이 평면TV로의 이행을 늦춘다면, 시장도 따라서 속도를 줄일 것이라 생각했다. 하지만 결론은 보다 일찍 디지털을 새로운 시대의 조류로 받아들이고 평면TV에 몰두한 기업들의 승리로 돌아갔다.

코닥과 노키아는 자신들이 가장 먼저 디지털카메라와 스마트폰에 대한 아이디어를 냈음에도 불구하고, 이전 제품들의 성공에 만취해 새로운 흐름에 대한 대응이 늦었다. 현재의 성공이 오래도록 지속되고 자신들이 계속 승자일 것이라는 오만은 그릇된 판단을 낳았고, 결국 시장으로부터 도태되는 참사를 빚었다.

승자의 덫이란, 현재의 승리에 도취돼 미래 준비에 안일해지는 상황을 뜻한다. 지금껏 자신들이 시장을 주도해왔으니, 앞으로도 자신들의 의지대로 시장을 끌고 갈 수 있다는 생각에 빠지면 더이상 정확한 상황 판단과 긴밀한 대응이 불가능해진다. 즉 우리가 1등이라는 생각은 혁신의 기회를 빼앗는 일일 수 있다. 더이상 발전하고자 하는 의지와 노력이 사라지는 것이다.

더욱이 오만에 빠진 기업은 사람들의 신뢰를 잃고, 그들이 등을 돌리게 만든다. 필자가 삼성전자 미국법인에 근무하던 시절, 소니는 쉽게 넘볼 수 없는 절대강자였다. 그런데 그때 삼성을 성원하던 거래처가 필자에게 이런 말을 했다.

"꼭 소니처럼 물건을 잘 만들려고 할 필요는 없어요. 소니의 80퍼센트 정도만 만들어도 우리가 밀어줄 겁니다."

"네? 그게 무슨 뜻이죠?"

"오랫동안 최고여서 그런지, 그 회사(소니) 요즘 우리의 말을 전혀 듣지 않아요. 소비자들이 자기 제품들을 찾아다니니까, 유통은 이제 필요 없다고 생각하는 모양이에요."

"그럴 리야 있겠습니까? 회사가 그렇다기보다 혹시 담당하는 임직원 개인들의 문제는 아닐까요? 모두가 서로 거래하려는 회사에 있다 보면 개인에 따라서는 자신감이 지나치거나 좀 우쭐할 수도 있을 것 같은데요."

"그럴지도 모르죠. 그러나 그렇다 치더라도 그것마저 회사의 문제지요. 그리고 더 중요한 것은 그들이 그전에는 그렇지 않았다는 것입니다. 승자의 자만이 조직에 팽배합니다. 그들이 잊지 말아야 할 것은 '시장은 항상 새로운 승자를 기대한다Markets always expect new champion'는 것입니다."

그렇다. 고객은 늘 새로운 제품, 새로운 기술, 새로운 디자인, 새로운 승자를 기다린다. 하물며 기존의 승자가 고객의 요구를 외면하거나 고객을 볼모로 잡는다면 더욱 그럴 것이다. 늘 새로운 승자를 요

사랑받는 기업에서 '오래' 사랑받는 기업으로

구하는 시장에서 살아남으려면 항상 시장의 소리에 겸허히 귀기울이고 혁신하는 자세가 요구된다. 이를 제대로 하지 못하면 언제든지 고객으로부터 외면받고 또다른 새로운 승자에게 자리를 내놓을 빌미를 줄 수 있다.

달콤한 성공의 추억은 '제품의 가치는 고객이 매기고 시장의 흐름도 결국 고객이 만든다'는 진리를 잊게 하고, '자신들이 천천히 움직이면 시장도 따라서 속도를 줄일 것'이라는 착각에 빠지게 한다. 기존의 성과에 힘입어 소비자의 브랜드 충성도가 커질수록 그동안 파트너로 소중히 여겼던 유통채널을 경시하게 되는 것은 더 큰 문제다. 소비자의 충성도를 담보로 유통채널의 옳은 소리도 부당한 요구로 받아들이게 되면 유통 파트너들이 하나둘씩 등을 돌리고 시장에선 새로운 승자를 찾는 정서가 싹튼다. 결국 소비자와의 관계도 악화될 수밖에 없다.

필자에게 '시장은 항상 새로운 승자를 기대한다'며 성원해주던 10년 전의 미국 거래처를 얼마 전 다시 만나게 됐다. 그는 역사가 되풀이되는 것처럼 기업들의 실수도 되풀이되고 있다고 안타까워했다. 10년 전에 시장의 성원에 힘입어 1등이 된 기업이 자신들이 밀어낸 그전의 1등 기업보다 더 큰 자만심을 보일 때 더욱 안타깝다고도 했다.

한 회사의 부침은 한두 가지 이유로 설명할 수 있을 만큼 간단하지 않다. 그러나 분명한 것은 승자란 모든 면에서 웬만큼 잘하지 않고는 계속 사랑을 받기가 쉽지 않다는 사실이다. '시장은 항상 새로운 승자를 기대한다'는 말은 현재의 승자에겐 안주하지 말라는 경고다. 그리고 아직 승리를 거머쥐지 못한 많은 도전자들에겐 희망의 메시지다. 지금은 아니지만 언젠간 승자가 될 수 있다는 뜻이니 말이다. 우리가 벌써 1등이라면 초심을 잃지 말고 더욱 겸허해지자. 아직 1등이 아니라면 시장의 기대와 성원을 믿으며 더욱 분발하자. 고지는 철옹성도 아니고 생각보다 멀지도 않다.

오래 살아남는 승자가 되는
세 가지 비결

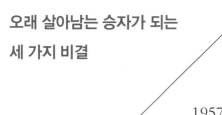

1957년 미국 포춘이 선정한 '세계 500대 기업' 중 지금까지 생존한 기업은 3분의 1 정도에 불과하다.[74] '승자의 덫'에서 빠져나오는 방법은 무엇일까.

늘 깨어 있으라

시장의 변화에 늘 깨어 있도록 노력해 업계의 변화를 주도해야 한다. 200년 장수기업인 듀폰은 신기술에 대한 선행 투자와 취약사업의 구조조정을 통해 중요 고비마다 성공적인 변화를 이끌어냈다. 이를 위해서는 정보의 탐색과 판단에 기반해 큰 흐름을 예견하는 능력이 중요하다.

사랑받는 기업에서 '오래' 사랑받는 기업으로

스스로 자기잠식하라

자신의 텃밭을 스스로 자기잠식cannibalize할 정도의 자기혁신이 필요하다. 흔히 카니발라이즈라고 하면 한 기업에서 비슷한 신상품을 도입해, 자사품의 매출 감소를 가져오는 폐단을 뜻하지만 영역을 넓혀보면 긍정적인 측면도 적지 않다. 예를 들어 한 지역에 스타벅스 1호점이 있는데 얼마 떨어지지 않은 곳에 2호점을 낸다고 해보자. 1호점의 매출은 줄어들겠지만, 스타벅스 전체 측면에서 보면 매출은 늘어나게 된다. 더욱이 만약 2호점의 자리를 경쟁사에 내줬다면, 그 매출을 아예 뺏기는 일이 벌어질 수 있다.

IBM은 1990년대 초반 한 해 90억 달러의 손실까지 내며 위기에 몰렸으나, 핵심사업인 PC사업까지 매각하며 솔루션 제공자로의 혁신에 성공했다. 애플은 아이팟이 선풍적 인기를 끌며 시장을 주도할 때 후속제품인 아이팟나노를 만들었고 계속 2세대, 3세대 제품을 만들며 시장을 지배했다. "스스로 잠식하지 않으면 잠식당하고 말 것이다"라는 스티브 잡스의 말을 되새길 필요가 있다.

과거의 성공방식은 지워라

과거의 영광에 안주하려는 관성을 극복해야 한다. 솔브리지 국제대학의 전용욱 부총장은 『한국기업의 생존 보고서』에서 진로와 해태 등 토종기업이 도날드 설Donald Sull이 주장한 '활성적 타성active inertia'을 극복하지 못하고 몰락했음을 아쉬워한다.[75] 급변하는 시대에 스스로의 성공에 자만해 과거에나 통했던 대응방식에 집착한 것이 몰락의 원인이 됐다는 것이다. 과거의 성공방식은 오히려 족쇄가 될 수 있다. 새 도전에는 새로운 성공방식이 필요하다.

고속도로를 달리는 방식으로 사막은 달릴 수 없다. 고속도로에서는 타이어의 적정 공기압이 생명이지만, 사막을 주행할 때는 타이어의 공기압을 빼고 가야 한다. 눈길에서도 타이어 바람을 빼면 미끄러지지 않고 잘 굴러간다. 지금까지 했던 방식을 유지하기보다 변화된 환경에 맞춰 변모하는 자세가 중요한 것이다.

앱솔루트 보드카는
어떻게 원조를 뛰어넘었나

원조효과

포털사이트 야후에 한국인 만화가가 연재했던 '우리가 원조인데'라는 제목의 만화가 '기무치Kimuchi 논란'을 촉발한 적이 있다. 이 논란을 보면서 2012년 1월에 늦게나마 '대한민국김치협회'가 만들어져 김치의 표준화와 세계화를 가속화하고 있다는 사실이 참 잘된 일이란 생각을 해봤다.

필자가 출장차 자주 갔던 일본 도쿄의 한 현지식당에서는 필자가 한국인임을 안 이후부터 메뉴에도 없는 김치를 가져다주곤 했다. 자기들이 먹으려고 만든 것인데 맛 좀 보라고 했다. 우리 입맛에 일본의 김치는 덜 익은 듯 맹맹하고 싱거웠다. 이제 일본에서는 이런 일본식 김치인 '기무치'를 도처에서 쉽게 만나볼 수 있다. 일본 사람들이 김치를 다르게 표기하고 그들이 만드는 맛이 달라도, 김치의 원조가 대한민국이라는 데 이의를 제기하는 일본인이 아직은 없다. 또 김치가 이제 세계 어디를 가도 한국을 대표하는 세계적인 음식으로 인정받게 된 것은 반가운 일이다. 그러나 일본의 '기무치' 수출은 우리의 '김치' 수출을 물량과 금액에서 앞서고 있다. 우리의 김치로 우리보다 돈을 더 벌고 있는 것이다. 우리가 김치의 원조국가로서 더 많은 고민과 노력이 필요한 이유가 여기에 있다.

중요한 것은
'먼저'가 아니라 '제대로'다

원조가 아닌 제품이 원조를 뛰어넘은 대표적인 사례가 있다. 바로 앱솔루트 보드카이다. 스웨덴의 앱솔루트 보드카는 원조국가인 러시아, 폴란드의 보드카들을 제치고 일찌감치 유명 브랜드 반열에 이름을 올렸다. 그것도 20달러도 되지 않는 '무색, 무미, 무취'의 보드카로 말이다.

필자가 전자제품을 팔면서 브랜드 이미지를 올리기 위해 고심하던 시절, 앱솔루트는 우리에게 많은 용기를 주던 롤모델이었다. 도대체 어떻게 하길래 '무색, 무미, 무취'라는 특성 때문에 구별조차 어려운 술, 20달러도 안 되는 '값싼 술' 보드카가, 심지어 원조도 아닌데 세계적인 고급 브랜드가 됐단 말인가.

많은 마케팅 전문가들이 그것은 앱솔루트의 시각적 정체성visual identity의 확립과 상상력 넘치는 광고의 결과라고 입을 모았다. 앱솔루트는 병 모양을 이용해 일관된 마케팅 커뮤니케이션을 유지하되, 각 시장이나 상황에 맞는 독특하고 재미있는 표현으로 철저하게 '변화 속의 일관성never changing, always changing'을 추구했고 이를 아트 마케팅의 경지로 승화시켰다.

그러나 앱솔루트를 이런 명성을 가진 브랜드로 만든 것은 그들의 독창적 광고기법뿐이 아니었다. 진짜 비결은 결코 타협하지 않는 품질에 대한 고집이었다. 앱솔루트의 이름이 알려지면서 수요가 급격히 늘어나 생산량을 늘려야 했지만 그들은 다른 곳에 제2공장을 짓지 않았다. 술은 수질이 생명이라는 믿음으로, 스웨덴 시골마을의 한 우물에서 나오는 물만을 고집했고 최고의 겨울 밀만을 엄선해 보드카를 생산했다. 그들은 비록 최초는 아니었지만, 이 같은 '품질에 대한 집착'으로 최고가 됐다.

우리가 흔히 알고 있는 제품 중 원조에 대한 논쟁이 있는 것이 또 있다. '스카치 위스키'로 많이 알려진 위스키는 대부분 스코틀랜드에서 시작된 것으로 알고 있지만, 아일랜드에서는 그들이 원조라고 굳게 믿고 있다. 심지어 같은 영국식 영어를 쓰는 두 나라가 이런 연유로 위스키만은 스펠링을 다르게 사용하고 있다. 스코틀랜드에서는 'Whisky'라고 쓰는 반면, 아일랜드에서는 'Whiskey'라고 쓴다. 누가 진짜 원조인지는 분명하지도 않고 중요하지도 않다. 누가 원조든 현재 시장의 승자는 결정됐기 때문이다.

아일랜드의 위스키업체들은 오랫동안 이어진 어려운 경제상황에다 영국과의 독립전쟁 후 주요 시장이던 영국으로의 수출이 막히면서 많은 업체들이 팔리거나 문을 닫아서 지금은 네 개 업체만 남아 있다. 반면 스코틀랜드 위스키업체들은 계속 발전해 90여 개가 성업 중이다. 원조든 아니든 현재는 스코틀랜드가 위스키의 중심에 우뚝 서 있는 것이다.

대한민국김치협회에 기대를 거는 이유도 여기에 있다. 우리가 김치의 원조라는 데만 집착하고 김치를 제대로 발전시키지 못하면 일본의 기무치에게 우뚝 설 기회를 내어줄 수도 있다. 우리의 입맛에는 맞지 않는 기무치가 세계인의 입맛에는 더 담백하고 친숙하게 느껴질 수도 있다. 만약 일본의 대형 식품회사가 자본과 기술을 동원해 세계인의 취향에 맞는 김치를 개발하고 체계적인 마케팅을 실행한다면 원조와 관계없이 기무치가 세계 소비자들에게 더 다가가며 실익을 챙길 수 있을 것이다. 실제 일본업체들은 건조김치 개발, 포장 혁신 등으로 휴대성과 보관성을 높이고 있다. 몇 세대가 더 지나면 세계인들이 김치의 원조를 일본의 기무치로 아예 잘못 알거나, 한일 두 나라를 공동 원조로 간주해 'Kimchi'와 'Kimuchi'를 단순히 스펠링의 차이로 치부하게 될지도 모른다. 어쩌면 이런 기우 때문에 '원조 따위 개나 줘'라는 만화작가의 이야기에 우리의 심기가 불편해진 것은 아닐까.

원조는 시장을 선점하고 오리진origin이라는 스토리를 주는 강력한 자산임은 분명하나 그것만으로 시장에서의 절대적인 지위를 보장받는 것은 아니다. 누가 가장 먼저 시작했느냐가 중요한 것이 아니고 누가 제대로 하고 있는가가 중요한 것이다. 원조라는 자만심에 빠지지 말고 최고의 품질과 명성을 유지하기 위한 고민과 노력을 계속해야 한다. 무엇보다 원조의 선점효과를 계속 지키기 위해서는, 추종자들이 줄 수 없는 원조의 가치를 소비자들에게 일관되게 주는 것이 가장 중요하다.

어떻게 원조효과를 유지할 것인가

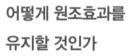

원조상품이라고 영원히 인정받고 잘 팔린다는 보장이 없다. 그렇다면 원조효과를 어떻게 잘 유지해야 하나.

차별화된 스토리텔링을 하라

차별화된 스토리를 만들고 이를 지속적으로 전파하는 것이 중요하다. 최고의 품질을 만들고 품질의 일관성을 유지하는 것만으로 충분하지 않다. 최고의 품질임을 부각하기 위해서는 원조의 뿌리나 배경까지 소비자와 소통해야 한다. 강남의 '변한의원'은 고종황제의

어의였던 변석홍 선생이 개원해 5대째 가업을 이어오고 있다. 이 한의원은 『동의보감』에 나오는 보약인 경옥고瓊玉膏를 초대원장의 이름을 따 '변석홍옥고'라는 이름으로 판매하고 있는데 여기에는 고종의 어의로서 궁중의 보약을 만들었던 비법이 녹아 있다고 한다. 일반의 경옥고와는 다른 탄탄한 스토리를 갖고 있다는 사실을 적극 알리면 훨씬 쉽게 차별화가 가능할 것이다.

군산에 위치한 '이성당' 역시 차별화된 스토리텔링으로 원조효과를 유지하고 있는 좋은 사례다. 이성당은 한국 최초의 빵집으로 알려져 있다. 1945년 문을 연 뒤 지금까지 같은 자리를 지키고 있는데, 여전히 높은 인기를 구가한다. 이 가게의 인기상품인 팥빵은 하루에 만 개가 팔려나갈 정도다. 인기비결은 단연 변치 않는 맛이지만, 여기에 더해 이 가게만의 스토리텔링이 있다. 대를 이어 펼치는 나눔운동이 그것이다. 창업자 때부터 지역에 어려운 사람들이나 종교단체 등에 빵을 기부하고 있는데, 팔다 남은 빵이 아니라 반드시 새롭게 만든 빵을 기부한다고 한다. '공짜도 손님'이라는 철학 때문이다. 이러한 이야기가 곁들여지면서, 가게에 대한 호감은 더욱 상승하고 오랜 세월에도 그 인기가 퇴색되지 않는 것이다.

원조업체 간 공조를 통해 명성을 관리하라

축하자리에 빠지지 않고 등장하는 게 샴페인이다. 그런데 샴페인이라는 명칭을 쓰려면 프랑스 샴페인 지역에서 규정된 방식으로 생산해야 한다. 같은 방식으로 만들어도 그 지역의 포도로 생산되지 않으면 그냥 발포성 와인sparkling wine일 뿐이다. 우리도 '여수 돌산 갓 김치' '동래 산성 막걸리' 같은 지역별 제품 표준화가 필요하다. 이를 위해서는 해당 지역의 제조업체 간 공조로 연구소 설립 또는 협회의 활동을 통해 생산제품의 재료, 제조방법 등의 표준을 정하고, 이 조건을 충족할 때만 특정 명칭을 표기할 수 있도록 해서 원조로서의 명성을 관리해야 한다.

네이밍에 신경써라

네이밍이 중요하다. 우리의 경우 세계화를 위해서는 한글 이름 못지않게 로마자 표기방법도 중요하다. 여러 나라 사람들이 읽고 부르기 좋아야 하겠지만 지극히 한국적인 것이 세계적일 수도 있다. 전 한국경영학회 회장을 역임한 전용욱 교수는 "우리나라의 높아진 위상과 한류를 감안할 때 이제는 이름만 봐도 한국이 원조임을 보여줄 수 있는 네이밍이 필요하다"고 말한다. 이런 점에서 '떡볶이'를 세계화하기 위해 농수산부 주관으로 'Toppoki'로 로마자 표기를 만든 것은 외국인이 발음하기 쉽도록은 했지만 'Kimuchi'와 비슷한 어감으로 다소 아쉬움이 남는다. 당장 일본으로의 수출엔 도움이 되겠지만 이런 표기가 훗날 원조에 대한 도전을 자초할 수도 있다는 생각은 기우일까.

많은 기업들이 시장을 선도하는 퍼스트무버first mover를 꿈꾼다. 한때 새로운 제품과 기술이 출시되면 벤치마킹을 통해 발 빠르게 쫓아가는 패스트팔로어fast follower였던 우리나라 기업들은 더욱 그렇다. 하지만 '먼저'도 중요하지만, '본질'에 집중해 지속적인 관리와 노력을 기울이는 것이 더 중요하다. 오리진경영이란, 원조가 되라는 주문이기보다는 원조가 지니는 선점효과에 자만하지 말고 이를 잘 관리하라는 의미다. 더불어 설사 원조가 아니더라도 스스로 원조가 되겠다는 생각을 갖고, 품질에 대한 집착과 노력으로 원조를 뛰어넘어야 한다는 뜻이기도 하다.

앱솔루트가 세계적인 아티스트들과의 콜라보레이션을 통해 작업한 광고 포스터들이다. 품질에 대한 고집과 참신한 마케팅으로 앱솔루트는 패스트팔로어에서 시장의 승자로 거듭났다.

당신은 퍼스트무버인가,

패스트팔로어인가?

중요한 것은 '먼저'가 아니라 '제대로'다.

박영석은 왜 남들이 오르지 않은 길을 올랐을까

등로주의경영

2012년 10일 10일 고 박영석 대장을 기리는 추모 콘서트가 열렸다. 그 며칠 후엔 지인들이 그를 추모하기 위해 히말라야로 떠났다. 박영석 대장은 최단기간 내에 히말라야 8000미터 이상의 고산 14좌를 등정한 기록을 갖고 있다. 그뿐이 아니다. 그는 세계 7대륙 최고봉 그리고 남극점과 북극점을 모두 정복해 소위 '산악 그랜드슬램'을 달성한 우리 시대의 영웅이다.

그가 2005년 세계 최초로 산악 그랜드슬램을 달성했을 때 많은 사람들은 그가 더이상 위험이 큰 등반은 하지 않을 것이라고 예상했다. 하지만 그는 현역으로 남아 도전을 멈추지 않았다. 그에겐 더이상 오를 산이 없었지만 남들이 가지 않은 자신만의 길, '코리안 루트'

를 끊임없이 개척했다. 그의 등반철학은 '등로주의登路主義'였던 것이다. 등로주의는 남들이 가지 않은 길, 어려운 길을 직접 개척해가며 역경을 극복해나아가는 것에 가치를 두는 등반정신이다. 어떻게든 정상에 오르기만 하면 된다는 '등정주의登頂主義'에 비교된다. 그만큼 고되고 힘들 수밖에 없는 일을 그는 모든 성공과 명예를 거머쥔 이후에도 계속했다. 박대장은 2006년 에베레스트 횡단 등반에 성공했지만, 2009년에 다시 에베레스트로 가서 남서벽에 코리안 루트를 만들었다.

'무엇을'보다 '어떻게'……
고 박영석 대장의 교훈

2010년 봄, 박영석 대장의 안나푸르나 남벽 등정에 따라나섰던 필자는 베이스캠프까지 함께 오르면서 그를 좀더 가까이서 대할 수 있었다. 며칠을 베이스캠프에서 머물게 되면서 그가 그리는 코리안 루트에 대한 설명을 직접 듣게 됐다. 필자가 물었다.

"저 수직 절벽을 넘어서 정상에 오른다는데 도대체 가능은 한 겁니까?"

"가능하다고 생각합니다. 그러나 만만치는 않습니다. 그러니 웬만해선 사람들이 저리로 오를 생각을 잘 못하지요."

"이룰 건 다 이룬 산악인이 왜 그런 위험을 무릅쓰고 생고생을 사서 하나요?"

필자의 우문에 돌아온 그의 현답은 아직도 필자에게 많은 생각을 하게 만든다.

"그래요. 이제는 탐험재단을 통해 그간의 경험들을 나누고 젊은이들에게 도전정신이나 심어주며 살라는 분들이 많은 것도 사실입니다. 하지만 평생 산악인으로서 살아온 저는 그것으로는 충분치 않다는 생각을 합니다. 산을 올라야 산악인이죠! 그래서 저는 산악인 박영석으로서의 새로운 목표를 만들었습니다. 사실 저도 그랜드슬램을 할 때까지는 정상 정복이라는 목표에 급급해 산을 올라가는 방식은 타협을 하기도 했습니다. 하지만 이제는 저 산에 남들과는 다른 방식으로 새롭게 도전해야겠다는 생각이 들었어요. 에베레스트 남서벽은 작년에 다녀왔고 이번에 안나푸르나 남벽, 그다음으로 로체 남벽에 코리안 루트를 만드는 것까지가 제 일입니다."

그때 박대장의 안나푸르나 등정 첫번째 시도는 실패했다. 2011년 가을에 다시 도전했지만, 그는 신동민, 강기석 두 대원과 함께 지금까지 돌아오지 못하고 있다.

그가 실종된 지 1년여, 우리의 영웅을 잃었다고 안타까워하는 데 그치지 않고, 등정주의적 사고가 팽배한 우리 세상에 그가 전하고자 한 메시지를 되새길 필요가 있다고 생각한다. 요즘 우리 사회에서는 정상에 오르기 위해서는 무엇을 하든 상관없다고 여기며, 심지어 남을 밟고 올라서는 일까지도 심심찮게 자행하고 있지 않은가.

사랑받는 기업에서 '오래' 사랑받는 기업으로

박영석 대장이 잠들어 있는 안나푸르나. 이 사진을 볼 때마다 등로주의에 대한 그의 철학을 다시금 되새긴다.

등로주의는 경영에도 시사하는 바가 크다. 업계 1위, 매출실적, 수익률 등 수치만을 목표로 뛰다보면 '위대한 기업'은 될 수 있을진 몰라도 '사랑받는 기업'은 되기 어렵다. 정상에 오르기에만 급급했던 기업들이 고객은 물론 조직원과 협력업체를 대하는 과정에서의 적절치 못한 일들이 문제가 돼 발목을 잡히는 것을 볼 때면 아쉬움이 크다.

『위대한 기업을 넘어 사랑받는 기업으로』의 저자 라젠드라 시소디아 벤틀리대 교수는 기존의 주주이익 극대화를 위해 재무적 성과에만 집착하는 기업들을 비판하며 "고객과 종업원, 협력업체, 지역사회 등 이해관계자 모두의 이익을 보살피고, 이들로부터 사랑받는 기업이 실적도 좋고 장기적으로 성장할 수 있다"고 주장한다.[76]

경영에 있어서의 등로주의란, 무엇을 이룰 것인가 하는 목표도 중요하지만, 그것을 어떻게 이룰 것인지 역시 간과해서는 안 된다는 정신이다. 대담한 목표를 세워서 이루도록 최선을 다하되 그 목표를

'어떻게' 이룰 것인가 하는 고민까지 수반되면, 시장참여자들과 상생하고 기업의 사회적 책임과 가치도 자연스럽게 함께 생각하는 경영이 이뤄질 것이다.

물론 등정주의가 주창하는 목표 지향성을 던져버리자는 이야기는 결코 아니다. 만약 박대장이 그랜드슬램 달성이라는 위업을 완성하지 못했다면, 그의 등로주의가 가져오는 울림은 상대적으로 약했을 것이다. 그의 등로주의가 사람들에게 감동을 주는 까닭은, 그가 엄청난 목표를 세우고 고된 과정을 거쳐 그 목표를 달성한 이후에도 새로운 목표를 설정하고 노력을 멈추지 않았다는 데 있다. 『위대한 기업을 넘어서 사랑받는 기업』이라는 책 제목의 의미도 진정 사랑받는 기업은 위대한 기업의 대척점에 있는 것이 아니라 위대한 기업의 '미래형'이라는 뜻일 것이다. 힘든 사업목표를 달성해내기에도 바쁜 이 세상의 경영자들을 향해 등로주의를 같이 생각해달라고 외치는 것이 지나친 주문일까.

등로주의경영의
다섯 가지 원칙

경영에서의 등로주의는 '과정을 중시하는 경영'이다. 경영을 하는 과정에서 만나는 이해관계자를 배려하고 싶어도 경영의 효율을 떨어뜨릴까 우려하는 세상에 시소디아 교수가 내놓은 분석이 관심을 끈다. 지난 10년간 '사랑받는 기업'의 투자수익률을 분석했더니 평균 투자수익률이 S&P 500 기업 평균의 여덟 배가 넘었으며, 『좋은 기업을 넘어 위대한 기업으로』의 저자 짐 콜린스가 선정한 '위대한 기업'에 비해서도 세 배 이상이란 결과가 나왔다는 것이다.[77] 이해관계자를 배려하는 기업이 재무적 성과에 주력한 회사보다 오히려 장기적인 재무적 성과가 더 좋았다는 것을 의미한다. 등로주의경영을 하려면 다음과 같은 자세가 필요하다.

성장도 절제할 수 있어야 한다

곰탕의 명가로 명성을 지켜온 하동관은 자신들의 맛을 지켜낼 수 있는 양만큼, 즉 감당할 수 있는 양만 조리한다. 당일 준비한 음식이 모두 팔리면 다른 식당들이 저녁 영업을 준비할 시간인 오후 4시쯤에 하루 영업을 끝낸다. 더 많이 팔수록 이익이 나겠지만, 판매량을 절제하는 것이다. 이는 단기적으로 이윤을 올리는 데 치중하지 않고, 장기적인 관점에서 가장 좋은 맛을 고객에게 제공하며 신뢰를 쌓기 위한 전략이다.

성장을 절제해 성공을 거둔 다른 사례로는 미국의 인앤아웃 버거 In-N-Out Burger를 들 수 있다.[78] 필자가 미국 동부에 주재할 때, 서부에 가면 꼭 찾아가는 가게가 하나 있었는데, 바로 인앤아웃 버거였다. 언제나 손님들로 북적이는 가게를 보며 한 가지 의문을 품었다. '이렇게 장사가 잘되면 다른 지역에도 진출할 수 있을 텐데, 왜 서부에서만 사업을 할까'라는 궁금증이었다. 그 답은 간단했다. 자기들의 성공비결은 신선한 냉장재료에 있는데, 미국 전역으로 진출하려면 냉동재료를 사용할 수밖에 없어 품질을 유지하기 힘들다는 것이다. 즉 품질에 대한 원칙과 성장의 절제가 성공비결이었던 것이다.

어떠한 경우에도 고객과의 약속을 저버리지 않는다

유통업체 월마트는 신의의 좋은 예다. 자기들이 선점한 시장에 경쟁업체가 없어 월마트 제품 외에 다른 선택을 할 수 없는 고객들에게도 '좋은 품질을 최저가에 팔겠다'는 약속을 결코 저버리지 않았다. 굳이 약속을 지킬 필요가 없는 독점의 상황에서도, 그 약속을 이행함으로써 월마트는 고객의 신뢰라는 가장 중요한 이익을 얻을 수 있었다. 돈으로는 환산할 수 없는 절대적인 가치를 얻은 것이다. 당장의 수익은 나지 않더라도, 이런 과정을 중요시하면 장기적으로 더 큰 수익을 올릴 수 있다.

인도의 타타TATA그룹은 고객과의 약속을 지켜 사랑받는 기업의 대표주자다.[79] 타타그룹의 기본철학은 '국민의 신뢰를 근본으로 국가의 발전과 성장에 책임을 다한다'이다. 10만 루피, 우리 돈으로 약 280만 원의 자동차인 '타타나노'를 탄생시킨 것이나 1년 급여가 6~13만 루피(약 157~340만 원)인 가정이 2300만 가구에 달하는 인도에서 1000만 원에 입주할 수 있는 '나노아파트'를 짓는 기업활동은, 국민과의 약속을 실행한 사례였다. '타타나노'를 제작할 때 엄청난 개발비용의 압박 속에서도 제품가격을 고수하며 라탄 나발 타타Ratan Naval Tata 회장은 이런 말을 했다고 한다.

사랑받는 기업에서 '오래' 사랑받는 기업으로

"약속은 약속입니다A promise is a promise."

고객과의 약속을 지키기 위해 최선을 다하는 기업을, 사랑하지 않을 고객은 많지 않을 것이다.

브랜드를 돈으로 사지 않는다

사랑받는 기업들은 마케팅 비용을 적게 쓰지만, 고객들이 회사가 추구하는 가치를 좋아하게 함으로써 단기간에 브랜드 가치를 높이기 위해 마케팅 비용을 많이 쓰는 기업보다 고객만족도와 고객유지율을 더 높게 만든다. 세계적 광고 에이전시 사치앤사치Saatchi&Saatchi의 CEO인 케빈 로버츠는 저서 『러브마크』에서 고객충성도를 누리며 장수하는 브랜드, 소비자가 강한 감성적 애착을 느끼는 브랜드의 공통점은 '사랑'이라고 강조한다.[80] 그는 러브마크가 탄생하는 공식을 다음과 같이 정리한다.

낮은 존경 + 낮은 사랑 = 일용품
낮은 존경 + 높은 사랑 = 유행
높은 존경 + 낮은 사랑 = 브랜드
높은 존경 + 높은 사랑 = 러브마크

즉 고객의 사랑을 받는 브랜드는, 모두가 동의할 수 있는 가치로 존경을 끌어내고 모두가 공감할 수 있는 가치로 애정을 이끄는 브랜드라고 할 수 있다.

협력업체와 진정한 상생을 추구한다

최근 애플의 위탁 생산업체인 중국 폭스콘Foxconn에서 근로자들의 소요사태가 발생했다. 애플이 협력업체의 근무환경 문제를 어떻게 해결하는지가 사랑받는 기업이 될 수 있는지의 시험대가 될 것이다.

『굿 컴퍼니, 착한 회사가 세상을 바꾼다』의 저자 로리 바시는 "정보통신기술의 발전과 휴먼 네트워크의 강화로, 사람들은 나쁜 회사를 직접 벌할 수 있는 능력을 갖게 됐다"며 "이제 기업은 불만에 가득 찬 직원과 소비자의 입을 틀어막을 수 있는 방법이 없다"고 설명한다.[81] 책에 따르면, 세계적인 특송업체 페덱스는 협력업체와 진정한 상생을 추구하는 좋은 본보기다. 페덱스는 자신들의 리더십 프로그램을 협력업체들에게 무상으로 제공함으로써, 직원을 보다 효율적으로 관리할 수 있도록 돕고 있다. 협력업체의 내부 업무효율까지 지원하는 진정한 상생을 추구하고 있는 것이다.

직원들에게 회사에 대한 자긍심을 심어준다

타타그룹은 조직원뿐 아니라 고객, 나아가 전 국민의 사랑과 존경을 받는 기업이다.[82] 앞서 이야기한 타타나노와 나노아파트뿐 아니라 서민들이 안전한 식수를 마실 수 있도록 초저가 정수기를 개발하기도 했다. 이 회사가 조직원과 공유하는 비전은 '가난한 사람도 잘 살 수 있는 세상을 만드는 것' '모두의 삶을 좋게 만드는 것'이라고 할 수 있다. 이처럼 강력한 비전이 있기에, 조직원들이 마음을 하나로 모아 사람들에게 더 나은 삶을 제공할 수 있는 방법을 고민하는 일이 가능했던 것이다. 라탄 나발 타타 회장이 2008년 미국 포브스가 선정한 '가장 존경받는 비즈니스 리더'로 꼽혔던 배경에는 이처럼 남다른 비전이 자리했다고 할 수 있다. 강력한 비전은 조직을 단결시키는 강력한 힘이다.

회사의 가치를 공유하는 교육이나 자기계발을 위한 교육은 직원들이 자긍심을 갖는 데 큰 도움이 된다. 포춘이 2000년부터 13년 연속으로 미국에서 '일하기 좋은 직장 100'으로 선정한 컨테이너 스토어Container Store의 1년차 직원 연평균 교육시간은 271시간인데, 미국 소매업 평균이 일곱 시간인 것을 생각하면 엄청난 것이다.

등로주의경영은, 무엇을 이룰까를 고민하는 동시에 어떻게 이룰 것인가를 모색하는 경영이다. 그리고 그 바탕엔 왜 이뤄야 하는가에 대한 깊은 성찰이 깔려 있다. 박영석 대장이 코리안 루트를 개척했던 배경에는 자신이 왜 산을 오르는가에 대한 본질적인 통찰이 있었다. '왜'가 뒷받침되지 않는다면, '무엇'과 '어떻게'에 대한 고민도 얕아질 수밖에 없다. '왜' 경영을 하는지, '무엇을' '어떻게' 경영할 것인지를 응집한 것이 바로 등로주의경영이라 할 수 있다.

당신은
얼마인가

33년간의 직장생활을 마치고 현업에서 물러나 후학을 양성하는 요즘, 과거를 돌이켜보면 이런 생각이 든다.

'과연 그때의 나는 얼마였을까? 내 가치는 어느 정도였을까?'

대부분의 비즈니스맨은 높은 연봉을 받기 바라고, 대부분의 기업은 높은 매출을 올리기 바란다. 최대한 많은 이익을 얻으려고 하는 것은 개인이든 조직이든 상관없이 비즈니스의 1차 목표다. 하지만 그것이 연봉이든, 제품의 판매가격이든, 기업의 브랜드 가치든, 무언가를 얻고자 한다면, 그에 합당한 '가치'를 만들어내는 것이 우선이다. '가격'을 결정하는 절대기준은 '가치'뿐이다. 한 가지 질문해보자.

"당신은 얼마인가?"

사실 이 도발적인 질문은 이 책이 담고 있는 함축적인 메시지이기도 하다. 지금껏 우리는 어떻게 하면 남과 달라질 수 있는지, 그래서 어떻게 나만의 가치를 창출할 수 있는지에 대해 살펴봤다. '당신은 얼마인가'라는 질문은, '당신의 가치는 어느 정도인가'라는 뜻이라고 할 수 있다. 일반 비즈니스맨이든, 조직을 운영하는 경영자든 자신과 회사의 가치를 제대로 파악하지 못하면 결국 제대로 경영할 수 없다. 성공적인 비즈니스란, 결국 높은 가치를 창출해내는 일이다.

　그리고 높은 가치를 창출하기 위한 방법으로 우리는 '적의 칼'을 사용하는 전략을 살펴봤다. 결국 적의 칼로 싸운다는 것은, 기존의 시장에서 좋은 노하우를 발견해 자신만의 방법으로 새롭게 사용하는 것이고, 다른 사람들이 하는 방식을 배우고 익혀 더 좋은 방식을 만들어내는 것이다. 즉 있던 것들을 활용해 없던 것들을 창조하는 일이라 할 수 있다. 창조와 창의란 '기존'과는 다른 것, 차별화란 '남'과 다른 것, 혁신은 '지금까지'와 다른 것이다. 그렇기에 '기존의 것' '남의 것' '지금의 것', 즉 '적의 칼'을 모르고서는 달라질 수 없는 것이다.

　필자는 이 책 역시 독자 여러분에게 '적의 칼'이 되길 바란다. 이 책에 담긴 방법들이나 메시지들을 그저 익히는 데 그치지 않고, 이것을 자신만의 방식대로 활용해 자신만의 무기로 사용한다면 더 바랄 것이 없겠다. 그렇게 당신만의 높은 가치를 창출해낼 수 있기를! 건투를 빈다.

경영은 자원과 프로세스의 관리이며 혁신의 연속이다

'지금의 실적에 만족하는 순간, 회사는 위험해지기 시작한다.'

이것은 필자가 많은 후배 경영자들에게 건네는 조언 중 하나다. 사상 최대실적을 거둬 세계 1위에 오른 기업을 우리는 일류기업이라고 부른다. 일류기업이 되기란 정말 힘든 일이다. 하지만 일류기업이 됐다고 해서 좋아할 일은 아니다. 오늘 일류기업이 됐다 해도 내일 나락으로 떨어질 수 있는 것이 현실이다. 실제로 우리는 사상 최대실적을 낸 다음해에 곧바로 위기를 맞았던 기업을 많이 봐왔다. 그래서 일류기업은 '초일류기업'으로 변신해야 한다. 필자가 생각하는 초일류기업이란, 영원히 쓰러지지 않고 지속적인 성장을 거듭하는 기업이다.

필자가 삼성에 몸담고 있던 2004년 삼성전자의 순이익이 11조 원 가까이 발생했다. 2006년엔 세계 TV시장에서 처음으로 1위에 올랐다. 당연히 엄청난 보람을 느꼈지만 '만족한다'고 표현할 수는 없었다. 좋아하면 그 순간, 회사가 위험해진다는 생각을 항상 하고 있었기 때문이다. 경영에선 순간의 희비를 경계하고 항상 위기의식을 가져야 한다. 오직 끝없는 위기의식과 혁신을 통한 성장만이 기업을 영속시킬 수 있는 유일한 길이다. 경영은 혁신의 연속이다.

그렇다면 혁신은 어떻게 이뤄지는가. 이 책 『적의 칼로 싸워라』에는 경영자와 비즈니스맨이 혁신을 위해 알아야 할 생각과 혁신을 위해 갖춰야 할 전략이 잘 소개돼 있다. 예를 들어 혁신을 하기 위해선 지금 세상이 어떻게 변화하고 있는지, 남들은 무엇을 하고 있는지를 발 빠르게 포착해야 한다. 저자가 강조하는 '마켓센싱'이 필요한 것이다. 또 저자는 '안주'를 '안정'으로 착각하는 사람들에게 '승자의 덫'에 대한 경고도 전하는데, 필자가 주장하는 '만족하는 순간, 위험해진다'는 이야기와 일맥상통하는 메시지다. 어려울 때는 다들 긴장하고 위기를 대비한 노력을 하지만, 잘될 때는 현실에 안주해 방심하기 마련이다. 위기는 이러한 안주의 순간을 놓치지 않고 찾아온다. '시장은 늘 새로운 승자를 기다리니 시장과 고객의 의견을 겸허히 받아들이고 비즈니스에 적용하라'는 저자의 주장에 귀기울여야 하는 이유다.

무엇보다 이 책이 전하는 메시지들에 주목해야 하는 이유는, 저자가 현업에서 시행착오를 겪으며 성장한 경험을 바탕으로 한 '살아 펄떡이는 체험적 지식'이기 때문이다. 필자는 삼성전자 VTR사업부장을 맡았던 1985년, 수출과장이던 저자를 처음 만났다. 그리고 1997년 대표이사 부회장으로 발령받은 뒤, 미국지사의 책임자 자리를 그에게 맡겼다. 비즈니스맨으로서 그의 성장을 지켜본 사람으로서, 이제 그가 학교에서 후학을 양성한다니 감회가 남다르다. 그간 몇몇 경제경영서는 전문적인 이론으로 무장해 있으되 현실과 괴리가 있거나, 풍부한 현장경험을 바탕으로 하고 있으나 이론적으로는 부족한 경우가 있었던 것 같다. 이 책은 저자의 탄탄한 이론과 풍성한 현장경험을 토대로 한, 이론에 실전이 더해진 깊이 있는 경제경영서라 할 수 있다. 경영의 새로운 해법을 찾는 CEO와 관리자에게는 뚜렷한 로드맵을, 일반 비즈니스맨에게는 경영을 읽는 새로운 눈을 제시할 것이다.

윤종용(전 삼성전자 부회장, 한국전자정보통신산업진흥회 회장)

'현장형 전문가'가 들려주는
경영지침서

"어떻게 하면 성공적인 경영을 할 수 있을까?"

경영학을 수강하는 대학 신입생부터 한 기업을 책임지는 CEO에 이르기까지 수많은 사람들이 고민하는 화두일 것이다. 얼핏 단순한 문제라고 생각할 수 있지만, 경영환경은 쉴 틈 없이 변화하기에 평생을 경영과 함께해온 경영자들과 학자들조차 이에 대한 정답을 내놓기 어렵다. 특히 우리는 1990년대 말 외환위기, 2000년대 말 글로벌 금융위기 등을 거치며 기업들의 성장과 몰락을 목격했고, 이 과정에서 경영에 대한 고민은 더욱 커지고 있다.

오랜 기간 기업에 몸담으며 체득한 결과, 경영과 관련된 수많은 활동 중에 무엇보다 조직 내부 커뮤니케이션 활성화가 중요하다고 생각한다. 기업은 하나의 유기체로서 활동하며 다양한 커뮤니케이션을 진행한다. 예를 들어, 어떠한 상품·서비스가 잘 팔리는 것은 기업과 소비자 간의 원활한 '대외 커뮤니케이션'을 이룬 결과라 할 수 있다.

하지만 구성원 간 동일한 비전을 갖고 상호소통하지 않는 기업에 소비자들과의 원활한 커뮤니케이션을 기대하기는 어렵다. 즉 성공적인 대외 커뮤니케이션의 출발점은 기업 구성원 간 활발한 '대내 커뮤니케이션'인 것이다.

이 책에서는 마케팅기법과 같은 대외 커뮤니케이션뿐 아니라 협업하는 조직의 중요성 등 대내 커뮤니케이션의 중요성에 대해서도 충실히 소개하고 있다. 이러한 점 때문에 이 책은 단순한 마케팅 관련 도서가 아니라, 국내외 유수의 기업에서 쌓은 현장경험과 심도 있는 연구활동을 통해 형성된 저자의 지식과 철학이 담긴 '경영지침서'라고 생각한다. "어떻게 하면 성공적인 경영을 할 수 있을까?"라는 질문에 대한 일률적인 정답은 없지만, 기업의 상황에 맞는 해법을 찾을 수 있도록 도와주는 훌륭한 길잡이 역할을 해줄 이 책과 함께라면 보다 쉽게 각자에게 맞는 길을 찾을 수 있을 것이라고 확신한다.

약 15년 전, 필자와 저자는 현재 글로벌 전자회사로 성장한 LG전자와 삼성전자의 미국시장 책임자로 만나 때로는 치열하게 선의의 경쟁을 벌인 라이벌로, 때로는 수출전선의 첨병으로서 국가경제 발전에 이바지하는 동지로 인연을 맺었다. 당시에도 만만치 않은 호적수라 생각했던 저자로부터 추천사 청탁을 받고 읽어본 원고에 과거 저자와 교류하며 나누었던 생각들이 고스란히 녹아 있음을 확인하면서 다시 한번 저자의 풍부한 경험과 뛰어난 통찰력에 감탄했다. 경영자의 꿈을 키우고 있는 모든 학생과 직장인 들에게 저자의 소중한 경험과 탁월한 식견이 담겨 있는 이 책을 추천한다.

구자용(LS그룹 E1사업부문 회장)

당신은 정말
남과 다른가

"취업과 이직을 위해서는 어떤 경쟁력을 갖춰야 하는가?"

　헤드헌터 1세대로서 지난 20년간 인재와 기업을 연결해온, 임원급 인재 추천 서비스를 제공하는 '유앤파트너즈'의 대표인 필자가 가장 많이 받는 질문이다. 바꿔 말하면 '오늘날 비즈니스맨이 갖춰야 할 경쟁력은 무엇인가'라는 질문이 될 것이다. 또한 대기업, 중소기업 및 공공기관 등에서 임원급 인사를 채용할 때면 '조직이 바라는 인재상'에 대한 문의가 많이 들어온다. 하지만 다양성이 강조되는 요즘 사회에서, 어떤 답 하나를 정답이라고 간단히 제시하기 어렵다. 기업과 그 사업분야에 따라, 또 사람에 따라 얼마든지 다르게 정의될 수 있는 질문이기 때문이다.

그럼에도 군이 한 가지를 꼽아야 한다면, '다름'이라고 말하고 싶다. 남과 구별되는 확실한 특징, 남보다 뛰어난 강점이야말로 당신의 가장 강력한 경쟁력이 될 수 있다. '다름'이란 '당신이 아니면 안 되는 이유'이자 '당신이어야만 하는 까닭'이기 때문이다.

'이 정도 학력에, 이 정도 스펙에, 외모까지 출중하니 나를 찾아주겠지?' 천만에 말씀이다. 그 정도 학력에, 그 정도 스펙에, 외모까지 출중한 사람은 생각보다 많다. 당신이 왜 다른 사람과 다른지, 자신을 판다는 마음으로 '셀링 포인트'를 정하고 장점과 기여도를 분명히 내세워야 한다. 다소 과격한 표현일지 모르겠으나, 취업시장에서 구직자는 '상품'이다. 자신의 경쟁력을 통해 회사에 기여할 수 있는 부분을 구체적으로 어필해야 한다. 나이와 성별을 막론한 열정, 업무를 '전공'했다고 말할 수준의 전문성, 전 세계가 무대인 글로벌 감각과 능력을 내세울 수 있어야 한다. 기업은 단 한 명의 인재를 뽑더라도 검증을 위해 다면평가, 적성평가, 심층면접 등의 수많은 절차를 진행한다. 당연히 구직자의 준비도 철저해야만 한다.

물론 '차별화'의 중요성이 강조된 것이 어제오늘의 일은 아니다. 문제는 차별화의 중요성은 알려졌으나 그 방법이 여전히 모호하다는 데 있다. 그런 의미에서 이 책 『적의 칼로 싸워라』는 남과 다르고 싶은, 모든 비즈니스맨을 위한 지침서라 할 수 있다. 저자가 일반사원부터 최고경영자의 자리에 오르기까지의 경험과 다양한 국내외 대기업, 중소기업에서 일하며 얻은 통찰은, 경력을 통해 '나만의 다름'을 만들어가는 구체적인 방법을 제시한다. 특히 자신만의 경쟁력을 파악하고 이를 실질적으로 셀링하는 노하우가 필요한 취업과 이직을 준비하는 사람들에게 많은 도움이 될 것이다.

유순신(유앤파트너즈 대표이사, 『나는 희망을 스카우트한다』 저자)

33년의 경험이 응축된
현대판 아라비안나이트

이명우 교수의 강의를 들은 적이 있는데 내용이 재미있어 신문 연재를 제의했다. 그는 글을 써본 적이 없다며 고민하더니 수락했다. 그는 요즘도 '독수리 타법'으로 글을 쓰는 사람이다. 그런 그가 칼럼을 몇 번 쓰고 마는 게 아니라 1년 이상 뚝심 있게 밀고 나갔을 때 내심 놀랐다. 글을 업으로 하는 사람에게도 2주에 한 번씩 원고지 20매를 쓰기란 힘든 일이기 때문이다. 물론 본인이 쓰고 싶다고 해서 장기 연재가 가능한 것은 아니다. 독자들이 계속 관심 있게 읽어줘야 가능한 일이다. 그런데 그가 글을 쓸 차례가 되면 어떤 글을 쓸까 궁금해하는 팬들이 적지 않다.

그의 글의 미덕은 33년의 기업생활에서 겪은 경험과 첨단의 경영이론이 화학적으로 결합됐다는 데 있다. 현장의 경험이 없는 이론만의 향연은 무미건조하다. 반대로 이론의 바탕이 없는 경험만의 무질서한 나열은 공허하다. 경험과 이론이 결합된 그의 글은 쫀득쫀득하면서도 뒷맛이 오래 남는다.

그는 정글과도 같은 글로벌 경쟁현장에서 산전수전, 공중전까지 다 겪은 백전노장이다. 그런 경험을 글에 생생하게 풀어내니 무협지를 읽듯 빨려들어간다. 게다가 온갖 시행착오를 겪으면서 느낀 소회와 교훈이 설득력 있어 가끔 무릎을 치곤 했다.

이 책에도 소개돼 있지만, 그가 콧대 높던 미국 바이어를 접대하면서 즉석 와인 시음회를 제안한 일화가 있다. 같은 몬다비가 만든 와인인데도 그냥 '몬다비'에 비해 '몬다비리저브'의 값이 네 배나 비싸다. 그런데 미국 거래처의 손님들이 시음을 한 뒤 어느 것이 몬다비리저브인지를 한 명도 알아맞히지 못했다. 시음회가 끝난 뒤 그는 몬다비를 삼성에, 몬다비리저브를 소니에 비유한다. "아무도 알아맞히지 못할 만큼 두 와인의 수준 차이는 없어 보이는데도 가격은 리저브가 훨씬 높은데, 이는 삼성과 소니와 비슷한 것 같다"고. 순간 일제히 박수가 터져나오고, 실제로 와인을 주문할 시간이 오자 손님들은 너나 할 것 없이 웨이터에게 "삼성을 달라"고 주문한다.

그는 이 사례를 단순히 소개하는 데 그치지 않고, '소비자가 느끼는 가치와 제품의 실질가치가 크게 차이가 날 수 있고 그 차이를 가져오는 것이 브랜드'라는 점과 '브랜드전략이 중요하지만 제품의 품질이 뒷받침되지 않고서는 지속 가능한 브랜드를 가질 수 없다'는 교훈을 함께 전한다. 생선회도 질색하던 바이어에게 육회를 먹게 한 장면을 소개하며 상대방의 눈높이에 맞추는 소통의 자세를 설명한 글은 해학적이면서도 삶의 자세를 생각하게 만든다.

33년의 기업생활 내내 그의 화두는 '어떻게 하면 다르게 할까'였다고 하는데, 이 책엔 어제와 똑같은 삶을 거부하고 늘 새로워지기 위해 고생을 자초한 그의 치열한 삶의 흔적이 담겨 있다.

아라비안나이트는 궁정에서 쓰였다. 그러나 현대의 아라비안나이트는 기업에서 쓰인다. 한국을 산업 삼류국가에서 선도국가로 탈바꿈시킨 경영인들의 이야기는 그 자체가 파란만장한 이야깃거리인데다, 기업을 경영하고 나아가 인생을 경영하는 방식을 성찰하게 만드는 좋은 소재가 될 수 있다. 이명우 교수는 이런 장르의 개척자 중 한 사람으로 기억될 것이다. 이 책을 계기로 앞으로 많은 기업 현장의 이야기들이 보다 독자 친화적인 형태로 계속 나왔으면 좋겠다.

이지훈(조선일보 경제부장, 『혼창통』 저자)

참고문헌

1 이건희, 『생각 좀 하며 세상을 보자』, 동아일보사, 1997.

2 Nitin Pangarkar, 『High Performance Companies』, Jossey-Bass, 2011.

3 홍성태, 『보이지 않는 뿌리』, 박영사, 1999.

4 오상헌, '패션 더한 스와치 vs. 명품 앞세운 리치몬트…… 시계 '쌍두마차'', 한국경제, 2012년 5월 25일.

5 Jim Collins·Jerry I. Porras, 『Built to Last』, Harper Business, 1997.

6 George S. Day, 「The Capabilities of market driven organizations」, Journal of Marketing, October 1994.

7 Howard Schultz·Joanne Gordon, 『Onward』, Rodale Books, 2011.

8 정주영, 『시련은 있어도 실패는 없다』, 제삼기획, 2001.

9 윤석금, 『긍정이 걸작을 만든다』, 리더스북, 2009.

10 허지성·유재훈, '기업의 핵심역량이 되고 있는 마켓센싱', LG경제연구원 보고서, 2011년 10월호.

11 신수정·안상훈, '하얀 국물의 반란 : 철옹성 라면시장 흔들다', 동아비즈니스리

뷰, 95호.

12 Youngme Moon, 『Different』, Crown Business, 2011.

13 이지훈, 『현대카드 이야기』, 쌤앤파커스, 2012.

14 김종호·박남규, '‘파괴적 혁신’ 전도사 크리스텐슨 하버드대 교수, 한국경제를 말하다', 조선일보 위클리비즈, 2010년 1월 23일.

15 정철환, '‘필립스’를 버려 ‘필립스’를 살렸다', 조선일보 위클리비즈, 2011년 1월 8일.

16 Joan Magretta·Nan Stone·Nan Dundes Stone, 『What management is』, Free Press, 2002.

17 Nirmalya Kumar, 『Marketing As Strategy』, Havard Business Press, 2004.

18 신수영, '한화생명 “국내 첫 찾아가는 서비스로 고객 만족”', 머니투데이, 2012년 10월 29일.

19 盛田昭夫, 『Made in Japan』, E.P. Dutton, 1986.

20 平井一夫, 'アップル, サムスンに勝つ秘策', 文藝春秋, 2012년 7월호.

21 장세진, 『삼성과 소니』, 살림Biz, 2008.

22 장세진, 같은 책.

23 Yves Doz·Mikko Kosonen, 『Fast Strategy』, Pearson Prentice Hall, 2008.

24 상생협력연구회, 『상생경영』, 김영사, 2006.

25 Nirmalya Kumar, 「The Power of Trust in Manufacturer-Retailer Relationships」, Harvard Business Review, November-December 1996.

26 Nirmalya Kumar, 같은 글.

27 안동환, 'KT 특허 1000건 협력사 무상 양도', 서울신문, 2011년 7월 7일.

28 김영수·김현진, '듣고 또 들어라 위기가 뚫린다', 조선일보 위클리비즈, 2008년 10월 18일.

29 고동현, '‘류현진 계약’ 보라스 벼랑 끝 전술, 또다시 통하다', 마이데일리, 2012년 12월 10일.

30 Roger Fisher·Scott Brown, 『Getting together』, Penguin Books, 1989.

31 Stuart Diamond, 『Getting More』, Crown Business, 2010.

32 Roger Fisher·Scott Brown, 같은 책.

33 정운오·김갑순, 「A회사의 Corporate Trade 사례」, 세무학연구 제24권 제3호.

34 Richard Schmalensee·David S. Evans, 『Catalyst Code』, Harvard Business

School Press, 2007.

35 Rhymer Rigby, 『28 Business Thinkers Who Changed the World』, Kogan Page, 2011.

36 이지훈, '세계 최대 아웃소싱업체 '리앤펑' 빅터 펑 회장', 조선일보 위클리비즈, 2009년 5월 23일.

37 임기훈, '리앤펑, 전 세계 3만 개 협력업체 오케스트라처럼 지휘…… 공장 없이 수백억弗 옷을 판다', 한국경제, 2012년 5월 31일.

38 御立尚資, 『戰略「腦」を鍛える - ＢＣＧ流 戰略發想の技術』, 東洋經濟新報社, 2003.

39 홍성태, 『마케팅의 시크릿 코드』, 위즈덤하우스, 2010.

40 주상돈, '[주상돈의 인사이트] 실패박물관', 전자신문, 2012년 8월 23일.

41 김성호, 『일본전산 이야기』, 쌤앤파커스, 2009.

42 이태영, '대한민국은 커피공화국?', 세계일보, 2012년 3월 16일.

43 홍성원, '칸타타 스틱, 커피믹스시장 새 강자로', 헤럴드경제, 2012년 7월 11일.

44 Robert P. Miles, 『The Warren Buffett CEO』, John Wiley & Sons, 2003.

45 Al Ries · Jack Trout, 『The 22 Immutable Laws of Marketing』, HarperBusiness, 1994.

46 정재승 · 김호, 『쿨하게 사과하라』, 어크로스, 2011.

47 최유진, '할리데이비슨, 남성의 야성을 깨우다', 주간한국, 2266호.

48 Interbrand CBO Forum 2012와 Best Global Brand 2012, Interbrand Oct 2012.

49 박수찬, '칠레 와인의 혁명', 조선일보 위클리비즈, 2011년 1월 8일.

50 Rohit Deshpandé, 「Why You Aren't Buying Venezuelan Chocolate」, Harvard Business Review, December 2010.

51 마커스 버킹엄 · 도널드 클리프턴, 『위대한 나의 발견, 강점 혁명』, 박정숙 옮김, 청림출판, 2005.

52 Michael Porter, 「What is strategy?」, Harvard Business Review, November-December 1996.

53 高原慶一朗, 『理屈はいつも死んでいる』, サンマーク出版 , 2006.

54 정주영, 같은 책.

55 Steve F. Smith, TWICE Magazine, November 1999

56 AFCH · Arthur Anderson Consulting, 「Making Arts&Culture Work in Business
  - The Business Case for Cultural Investment Guide」, 1999.

57 Philip Kotler · Hermawan Kartajaya · Iwan Setiawan, 『Marketing 3.0』, Wiley,
  2010.

58 대원문화재단 설립취지 2004, 대원음악상 활동보고 2012.

59 이충렬, 『혜곡 최순우 한국미의 순례자』, 김영사, 2012.

60 Joan Magretta · Nan Stone · Nan Dundes Stone, 같은 책.

61 EBS, '평균의 함정', 지식채널e, 2010년 9월 17일 방송.

62 汪中求, 『細節決定成敗 』, 新华出版社, 2004.

63 御立尙資, 같은 책.

64 홍성태, 『모든 비즈니스는 브랜딩이다』, 쌤앤파커스, 2012.

65 W. Chan Kim · Renee Mauborgne, 『Blue ocean strategy』, Harvard Business
  Review Press, 2005.

66 이형근, '소니 내년부터 카세트테이프 레코더 단종', 디지털타임즈, 2012년 12월
  10일.

67 장세진, 같은 책.

68 Yves Doz · Mikko Kosonen, 같은 책.

69 David Aaker, 『Spanning Silo』, Harvard Business School Press, 2008.

70 Rolf Jensen, 『The Dream Society』, McGraw-Hill, 2001.

71 최은수, 『넥스트 패러다임』, 이미디어그룹, 2012.

72 이명진, '남이 모여 '님'이 되는 회사가 있다?', 머니투데이, 2011년 6월 18일.

73 David R. Caruso · Peter Salovey, 『The Emotionally Intelligent Manager』,
  Jossey-Bass, 2004.

74 FORTUNE, July 1957.

75 전용욱, 『한국기업의 생존 보고서』, 한국경제연구원, 2008.

76 Rajendra S. Sisodia · David B. Wolfe · Jagdish N. Sheth, 『Firms of
  Endearment』, Pearson Prentice Hall, 2007.

77 Rajendra S. Sisodia · David B. Wolfe · Jagdish N. Sheth, 같은 책.

78 Youngme Moon, 같은 책.

79 배준호, '타타 회장 "인도정부 무능이 문제야"', 이데일리, 2012년 12월 7일.

80 Kevin Roberts, 『Lovemarks』, PowerHouse Books, 2005.

81 Laurie Bassi · Ed Frauenheim · Dan McMurrer · Lawrence Costello, 『Good Company』, Berrett-Koehler Publishers, 2011.

82 '140년 동안 인도국민이 사랑한 타타그룹 비결', 한화 한화인.

일러스트 출처

이 책에 사용된 일러스트(271쪽 일러스트 제외)는 ㈜티씨엔미디어와의 계약을 통해 구매했습니다. 각 일러스트의 출처는 아래와 같습니다.

32쪽 조선일보 2012년 1월 9일자 '이명우 교수의 경영수필 - 내가 파는 게 건어 물이냐 생선이냐…… 업(業)의 개념부터 파악해야'

45쪽 조선일보 2012년 1월 26일자 '이명우 교수의 경영수필 - 달팽이가 더듬이 만 갖고 트럭이 질주하는 도로 위를 무사히 건널 수 있을까'

67쪽 조선일보 2012년 5월 31일자 '이명우 교수의 경영수필 - 고객을 위해서라 면…… 경쟁사 제품도 끼워 판 IBM'

98쪽 조선일보 2013년 1월 17일자 '이명우 교수의 경영수필 - 타협 안될 땐 주제 바꿔 '상자 밖 협상' 전략을 써라'

121쪽 조선일보 2012년 8월 30일자 '이명우 교수의 경영수필 - "찌꺼기는 원두가 루 쓴 증거"…… 불만을 반전시켜라'

151쪽 조선일보 2012년 9월 13일자 '이명우 교수의 경영수필 - 4배 비싼 와인의

적의 칼로 싸워라
ⓒ 이명우 2013

1판 1쇄 2013년 2월 20일
1판 11쇄 2020년 10월 5일

지은이 이명우 | 펴낸이 염현숙

기획·책임편집 고아라 | 편집 염현숙 | 모니터링 이희연
디자인 윤종윤 최미영 | 마케팅 정민호 이숙재 양서연 박지영
홍보 김희숙 김상만 지문희 김현지
제작 강신은 김동욱 임현식 | 제작처 영신사

펴낸곳 (주)문학동네
출판등록 1993년 10월 22일 제406-2003-000045호
주소 10881 경기도 파주시 회동길 210
전자우편 editor@munhak.com | 대표전화 031)955-8888 | 팩스 031)955-8855
문의전화 031)955-3578(마케팅) 031)955-2697(편집)
문학동네카페 http://cafe.naver.com/mhdn | 트위터 @munhakdongne
북클럽문학동네 http://bookclubmunhak.com

ISBN 978-89-546-2055-0 03320

www.munhak.com